지는 것이 이기는 것이외다

지는 것이 이기는 것이외다

초판 1쇄 인쇄 2010년 11월 26일
초판 1쇄 발행 2010년 12월 01일

지은이 | 박태훈

펴낸이 | 손형국
펴낸곳 | (주)에세이퍼블리싱
출판등록 | 2004. 12. 1(제315-2008-022호)
주소 | 157-857 서울특별시 강서구 방화3동 316-3번지 한국계량계측협동조합 102호
홈페이지 | www.book.co.kr
전화번호 | (02)3159-9638~40
팩스 | (02)3159-9637

ISBN 978-89-6023-485-7 03810

아버지의 비망록

지는 것이 이기는 것이와다

박태훈 지음

ESSAY

책을 펴낸 이야기

탓하지 마라

살면서 탓하지 마라
그러면 삶이 편안하리라.

세상을 탓한들
세상이 그 탓을 해결해줄 리 없다.

자네 탓을 해본들
자네 또한 그 탓을 들어줄 리 없지.

모두들 네 탓, 세상 탓 해봐도
그 탓에 이유야 있겠지만

그 탓은 나를 떠나지 않는다.
그것 모두 내 생각 탓이니

젊은 시절 어르신들이 하시는 말씀들이
귀 밖에서 맴돌았다.

세상을 살다가 나이가 드니 그 말씀이
모두 맞는다는 생각이 들어
비망록 형식의 글을 쓰게 됐습니다.
명언 말씀이나 속담 말은 닳고 닳아
빛이 나는 보석으로 탄생했지만
평범한 사람이 모아서 만든 비망록의 말이
어디 빛이 나겠습니까?

세상사는 이야기라고 생각하시고 비망록
책 첫 장을 열어보십시오!

2010년 12월 詩庭 박태훈

차례

제1부 인생이 있는 글

제2부 삶이 있는 글

제3부 행복이 있는 글

제1부

인생이 있는 글

지는 것이 이기는 것이외다

지금 상대방에게 야단을 맞으실 때
상대방을 미워하지 마십시오.
이 순간만 지나면 상대방이 바보란 것을
당신은 알게 됩니다.
그 바보에게 대들거나 앙심을 품는 것은
나 또한 더 큰 바보가 되는 것입니다.

상대방이 바보가 아니라면 당신을 이해시키려
노력할 것이고 당신을 훈계할 좋은 방법을
알고 있는 인격자일 것입니다.
그렇게 되면 당신도 당신의 잘못을 기분 좋게
인정하고 시정할 것입니다.

남을 훈계할 때나 욕할 때는 화가 난다고
자신의 생각대로 하지 마십시오!
상대방이 말 못할 개돼지가 아닌 이상
당신이 화가 난 이유를 알 것입니다
개돼지도 화가 나면 매를 든 사람을 알아봅니다.

서로가 서로의 위치를 알고 처신해야 합니다.
사회의 규범이란 모두 같아서는 안 되는 법입니다.
상하의 구별이 있고 지위의 고하가 있는 법입니다.
주어진 임무를 충실히 하고 상대방에게 이유가 있다 해도
자기 판단으로 징벌해서는 절대 안 됩니다.

나를 위해서 그리고 다음에 닥칠 순간을 위해서
남에게 지는 것이 바로 이기는 것이라는 말
명심하십시오, 잊지 마십시오.
험한 길, 험한 세상을 우리 모두는 조심하며 살고 있습니다.
바로 그것이 우리의 삶의 방법입니다.

지는 법과 이기는 법을 잊지 마십시오.
한번 참으시고 생각은 아주 꿀맛처럼 달콤하다는 사실
나는 나이 들어 그 사실을 알고 무릎을 치며 아쉬워했습니다.
세월은 우리를 그 자리에 놓아두지 않는다는 사실,
세월이 가면 모든 게 다 아무것도 아니라는 것을.

잠깐만 참으세요

잠깐만 참으세요!
당신에게 행복이 찾아옵니다.
어머니의 잔소리에 앙심을 품고 어머니를 독살하면, 아버지와 싸워서 늙은 아버지를 한 방에 죽이면 당신에게 행복이 찾아옵니까?
공기총 발사로 상대방을 죽이면 당신에게 행복이 찾아옵니까?
화나고 성질이 나서 저지른 사고는 순간이지만, 세상사는 당신에게 평생을 죗값으로 당신에게 고통을 준다는 사실을 아셔야 합니다.
우리 잠깐만 참아서 내 행복을 지켜야 하지 않겠습니까?

잠깐만 참으세요!
참는 것만큼 당신에게 행복은 가까워집니다.
여기 함께 생각해보는 말씀이 있습니다.
1초를 참는 당신 참 아름답습니다.
어제 두 젊은이가 째려본다는 이유로 싸웠습니다. 주먹을 한 대 날렸답니다. 한 젊은이가 불행하게도 죽었습니다. 순간의 자존심을 못 참아 씻을 수 없는 죄를 지었답니다.

1초의 인내(忍耐)를!

화가 나면 하늘을 올려다보며 화를 참으시고, 슬픔이 있거들랑 땅을 바라보면서 잊으시라. 지금 당신이 1초만 참을 수 있다면 당신에게 찾아오는 모든 재앙을 막을 수 있답니다. 산상기도를 하는 이유도 사실은 1초의 여유를 갖기 위함입니다.

우린 누가 뭐래도 내 기분에 거슬린다고 생각할 땐 0.1초의 여유도 참지 못하고 맞받아칩니다. 1초라는 시간적 여유가 얼마나 중요한 것인가를 우리는 평소에 잘 압니다.

하지만 그 1초를 참지 못하는 우리입니다. 한쪽이라도 참을 수 있다면 불꽃은 튀지 않으련만 한 치의 양보 없는 충돌이 폭발을 일으킵니다.

그런 것은 모두 1초의 양보의 여유가 없기 때문에 수많은 불행이 앙금이 되어 뭉쳐집니다. 정말 1초의 여유를 가진다면, 1초의 여유를 갖는다면 세상도 많이 변할 것입니다.

많은 사건들이 일어나지 않을 것입니다. 그리고 당신에게 확실한 행복을 가져다줍니다. 결국 당신이 화를 내고 험한 행동을 하는 것도 당신의 욕구 때문입니다.

1초를 참을 수 있다면 바람은 이루어질 수 있다는 사실을 아셔야 합니다.

순간을 참지 못하면 평생의 공이 사라집니다. 선생님, 잠깐만 참으세요. 당신의 행복이 기다립니다. 1초를 참는 당신 모습 참 아름답습니다. 그리고 그 참는 1초가 당신의 평생을 보장합니다.

추석날의 약속

김 선생이 군대에 입대하기 전에 외할머니 댁에서
한 달 정도 머물렀다.
대학 2학년 때 한 학기 쉬면서 입대 일자를 기다리는 것이
무료해서 산골 마을 외할머니 댁에 휴양 차 왔던 것이다.
외할머니 댁은 5분 거리에 강물이 흐르고 있었으며
경치가 유난히도 아름다운 곳이었다.

외갓집 앞집의 부잣집에 순녀라는 몸이 퍽도 허약해 뵈는
밥하는 처녀가 있었다. 하도 몸집이 작고 허약하다 보니
처녀라기보다 어린애처럼 보였다.
그 당시는 보리방아를 찧어 밥을 하던 시절이라 순녀는
외갓집 절구통이 돌로 되어 있어 방아 찧기가 쉽다고
매일 보리방아를 찧으러 외갓집엘 왔다.

김 선생은 땀을 뻘뻘 흘리면서 절구질을 하는 순녀가
가엾다고 생각되었다. 하루는 김 선생이 절구를 달라고
해서 절구질을 해보았다. 힘만 들고 방아는 찧어지지 않았다.
싫다는 순녀에게서 절구를 뺐다시피 해서 여러 날 하니

제법 방아가 찧어졌다.
순녀는 "아저씨! 고마워요." 했다.

그날 밤 할머니에게서 순녀에 대한 얘기를 들었다.
순녀가 스무 살이니까 스무 해 전에
어떤 아가씨가 그 마을에 찾아왔단다.
그리고 순녀를 낳고 일주일 만에 산후 문제로 죽었단다.
그래서 부잣집에서 키우게 됐다는 이야기였다.
김 선생은 순녀가 불쌍하게 생각되었다.

김 선생이 외갓집에 있는 동안 순녀에게 많은 이야기도 해줬고
순녀의 힘든 일도 도와줬다. 그리고 순녀에게 공부하라고 권했다.
한 달이 다 되어 김 선생이 외갓집을 떠날 때
순녀는 김 선생에게 선물을 주었다.
"아저씨 손 시릴 때 끼세요."
순녀가 짠 장갑이었다.
김 선생은 고맙다고 했다.
그런데 순녀가 아저씨께 약속 하나 한다고 했다.
"그래 말해봐!"
딱 30년 후 추석날 저 나루터에서 아저씨
얼굴 한번 봤으면 좋겠다고 했다.
김 선생은 그러자고 했다.

김 선생은 군대생활, 대학생활 바쁘게 하다 보니
십 년의 세월이 흘렀고,
외갓집 할머니에게서 순녀가 스물두 살 나던 해에 서울로
열두 살이나 많은 사람에게 시집을 갔다는 것이다.
김 선생은 잘됐다고 했으나 나이 많은 사람이라 마음에 걸렸다.
그리고 오늘이 30년이 되는 추석이다.
그간 외할머니도 돌아가시고
그곳엔 이제 친척이 아무도 살지 않았다.
김 선생은 큰마음 먹고 외할머니 성묘 겸 해서 이곳을 찾았다.

아무런 인연도 없지만 그래도 김 선생의 마음은 약간은 설렜다.
몇 년 전까지도 나루터에 배가 매어 있었지만
지금은 다리가 놓였고 나루터는 흔적만 남아 있었다.
'아~ 세월 빠르구나! 많이도 변했구나!'
이 생각 저 생각 하고 있는데 뒤에서 "김 선생님 아니십니까?"
젊은 아가씨 목소리가 들렸다.
김 선생은 뒤를 돌아보고는 깜짝 놀랐다.
거기엔 30년 전 순녀가 그대로 서 있지 않은가?

"김 선생님! 맞으시죠? 저~ 임순녀라고 아셔요? 딸입니다."
"아~그래요! 아니 어찌 이렇게 나왔나요?"
김 선생이 오히려 의아해했다.
그 아가씨 이야기는 이러했다.
일 년 전 어머니가 병으로 돌아가실 때
김 선생과의 30년 전 약속 이야기를 해줬고,
만일 그때까지 산다면 좋겠는데
만일 죽으면 자기더러 약속을 지켜달라고 했단다.
"아저씨! 우리 어머니는 세상에 나와서
아저씨에게 사람대접 받았다는 얘기를 항상 했어요."
순녀는 김 선생에게 첫사랑을 느낀 모양이었다.

그 아가씨와 헤어진 김 선생은 '인생이란 이렇게 허탈한 것인가?'
오늘처럼, 이번 추석처럼 허탈한 마음이 되기는 처음이었다.
그리고 세상에서 갚지도 못할 큰 빚을 진 것 같았다.
어느새 동쪽엔 추석달이 둥글게 떠오르고 있었다.
기다리던 추석이라 김 선생은 발길을 재촉했다.
서울로 가는 막차를 타려면 서둘러야 했다.

착각하지 마세요

그녀가 당신에게 항상 눈웃음 짓는다는 것을
착각하지 마세요.
그녀가 눈 쌍꺼풀 수술을 해서 그렇다나요.

그녀가 당신에게 항상 웃는 얼굴로 대하는 것을
착각하지 마세요.
그녀가 얼굴을 웃는 얼굴로 수술했어요.

그녀가 당신에게 거는 항상 상냥한 말솜씨에
착각하지 마세요.
그녀는 그 회사 최고의 영업사원입니다.

그녀가 항상 당신의 눈에 아름다움의 극치라고
착각하지 마세요.
그녀가 정성들인 화장술 효과라는 것을.

그녀가 당신에게 항상 친절을 베푸는 것을
착각하지 마세요.
그녀는 지금 친절교육 연수 중입니다.

그녀가 당신에게 항상 평상으로 대하는 것은
착각이 아닙니다.
그녀는 당신의 실체를 알고 있으니까요.

그녀가 당신에게 항상 하는 인사말인데
착각을 하는 당신, 상처 입어요.
그녀는 당신의 친구와 장래를 약속했다고요.

못난 내가

아침 인사를 누가 먼저 합니까?
그야 못난 내가 하지요!

냄새 나는 지하방에 누가 삽니까?
그야 못난 내가 살지요!

향락객이 버리고 간 쓰레기는?
그야 못난 내가 치우지요!

잘난 놈, 똑똑한 놈 빠지는 군대는?
그야 못난 내가 가야지요!

잘난 사람들이 모두 국적을 포기한다면?
그야 못난 내가! 이 나라에 사는 국민이 되지요!

경제가 힘들어진 IMF 때 고생은 누가?
그야 당연히
못난 내가 책임지고 했지요!

앞으로 나라가 힘들어진다면?
그야 못난 내가 고생을 짊어지고 이겨내지요!

당신을 위대한 시민이라고 치켜세워준 사람은?
하하~ 그 소리는 선거 때마다
못난 내가 도맡아 듣는 소리라오.

못난 내가 이 한 목숨 바쳐 군대도 가고
당연히 못난 내가, 못난 내가 모두 다 하게 됩니다.

못난 나는 두 손 잡고 맹세합니다.
이 나라에 충성하겠노라고!

못난 내가, 항상 못난 내가,
평생 못난 내가 나를 잘 알고 있으니까요.

이런 친구가 좋더라

힘들단 말보다 노력을 더 해야겠다고 말하는 친구!
남의 약점을 그 사람의 강점으로 생각해주는 친구!

자기 몫이 적다고 친구 몫까지 탐내지 않는 친구!
없는 처지에 있는 체하지 않는 소탈한 친구!

힘들어할 때 힘이 되어줄 수 있는 친구!

사랑이 무엇인지 아는 친구!

나의 잘못을 잘못이라고 힘 있게 충고할 수 있는 친구!
누군가 내 흉을 보면 "세상 사람들이 흉 없는 사람이 없지" 하고 웃는 친구!

"이런 친구가 있었으면!!!"

가을날 낙엽을 밟으며 옛 추억을 말할 수 있는 친구!
봄이면 벚꽃, 목련이 예쁘게 피었다고 알려주는 친구!

여름이면 시원한 수박 한쪽 먹자며 강가에 가자는 친구!
겨울이면 추워 움츠러드는데 소주 한잔에 삼겹살을 함께 먹을 수 있는 친구!

어려워 힘들 때 힘내라고 말동무 해줄 수 있는 친구!
어렸을 때 정이 많아 눈물을 많이 흘렸는데…….

울보란 소리를 이렇게 멋있게 말해주는 친구!

마음 답답하고 우울할 때 "여보게, 힘내! 술 한잔하세~"
권하는 친구!

사랑방에서도 내 설 자리를 잡아주는 친구!
나는 이런 친구가 있었으면 좋겠다.

친구야! 친구야! 그냥 보고 싶다.

부부(夫婦)

"오랜 세월 참아주며 함께해준 당신 고마워요."

한쪽이 이해하고 가정을 위한다는 생각이 없었다면
많은 사람들이 부부로 남아 있지는 않았을 것.
가정의 평화를 위해 자신을 희생했던 어느 한쪽의 희생
그것이 있었기에 가정, 가족의 평화가 지켜진 것이 아닐까요?

어제 모처럼 친구들을 만나 술을 한잔 하고 왔다.
아내는 걱정 어린 눈으로 내 모습을 보더니,
몇 년 전 손녀를 보러 갈 때만 해도 당신 젊었는데…….
5년 전의 일이다. 그 5년 사이에 많이 늙었다는 것이다.

허어~! 세월을 어떻게 막을 수가 있겠나!
허어~!
아침 밥상에 마주앉은 아내의 얼굴에도 목에도
손등에도 많은 잔주름이 내려와 있었다.
나보다 다섯 살이나 적은 아내인데!

내후년이면 우리 결혼 사십 년일세~!
엊그제 같은데 아내의 주름에 그동안 삶의 잔주름이
스쳐지나간다.

어쩌다 택시를 탄 아내에게 정신이 썩었다고 호통도 쳤는데……!
절약을 외치며 살다가 이제 늙었음을 느껴버렸다.

세월이 간다는 것, 인생이 늙는다는 것. 어쩔 수 없구려……!

아침을 끝내고 상을 치우는 아내에게 한번인가
써본 카드를 쥐어줬다.
"명희 아줌마처럼 메이커 옷 사 입어! 많이 사도 돼!"
"추리닝도 메이커로 사소~!"
어느새 아내와 내 눈에는 눈물이 흐르고 있었다.

"아깝다 말고 꼭 사 입소~! 너무 늦은 것 같아~!"
허어~!
"지금 사람들 같으면 우리도 몇 번 헤어졌지."
"참고 살아왔으니 오늘 우리가 이렇게 웃을 수 있소~!"
"네~! 맞아요. 그때는 보따리를 몇 번 싸려 했는데……."

아내는 웃고 있었다.
콧등이 왠지 시큰해왔다.
지난 세월 버팀목은 아내의 착한 심성으로
모든 걸 참았다는 걸 잘 안다.
옛날에 이혼율이 적은 이유는 아내들이 참았다는 사실!

"참아줬던 당신 고맙소!"
아내는 웃으며 한마디 한다.
"몇 번이고 이혼을 하고 싶어도
다시 재혼을 한다 해도 그 사람이 그 사람일 텐데……."
그래서 참았다는 아내란다.
아~! 하~! 그래도 고맙네!

삶이란 항상 구비치는 물결과 같은 것.
잔잔하다가도 계곡을 만나면 구비치는 물결이 아니던가?
세상사가 그렇듯이 부부로 만나 산다는 건 물결 같은 것!
인생 경험에서 얻은 혼자의 명언이 아닌가.

아빠 힘내세요!

"아빠 힘내세요! 우리가 있잖아요!
엄마 힘내세요! 우리가 있잖아요!"

아침 출근길에 네 살 먹은 딸아이가 불러주는
응원가 노래 소리를 뒤로 하며 출근길을 나선다.

봄바람이 시원스럽게 얼굴을 스친다.
딸아이가 불러준 응원가 소리가 귓전을 스친다.

그래 힘내야지! 힘내야지!

일터에 도착하여 작업복으로 갈아입는다.
이번 일이 끝나면 다음 일을 맡을 때까지
쉬어야 한다는 동료의 말이 가슴을 무겁게 한다.

힘이 들더라도 아이가 불러준 "아빠 힘내세요! 우리가 있잖아요!"
그래그래, 힘을 내야지!
근데 무슨 힘을 내야지?

생각도 막연하다.
"사장님 힘내세요! 그리고 일거리를 맡으세요!"
딸애가 불러준 아빠 응원가를 아빠도 일하면서
콧노래로 불러본다.

"사장님 힘내세요! 우리가 있잖아요! 우리~ 우리 사장님 힘내세요!
사장님 힘내세요! 사장님이 힘을 내야 우리 일거리가 있잖아요!"

딸아이의 응원가는 확실히 힘 빠진 팔뚝에 힘을 솟아나게 했다.
열심히 일을 하다보면 일거리도 생길 것이고
우리 아이에게 과자도 사다줄 수 있을 것이고!

그래! 그래! 아빠 힘낸다!
사장님도 힘낸다! 회사도 잘될 것이고…….
아 ~! 힘든 이 해가 간다. 힘내어 새해를 맞자!
아빠의 입가에 웃음이 떤다.
내년엔 희망이 있을 것이고…….

실업 공포는 현실화의 시작일 뿐! 아침 다음 뉴스 제목!
그 뉴스도 뉴스일 뿐~
자! 시작은 우리가 해야 할 것이고
헤헤~ 우리 힘내면 살 것이고 실망하면 힘만 들 것이고~.

큰 가시고기 닮은 부모

큰 가시고기는 해마다 초봄이 되면 우리나라 동해와 남해
일부 강 하구에서 볼 수 있는 큰 가시고기 무리들.
일 년에 한 번씩 강을 거슬러 올라와 물의 흐름이
잔잔한 곳에 보금자리를 마련하고 알을 낳지요.

수컷 큰 가시고기는 알들이 부화하여 자랄 때까지
먹지도 않고, 잠도 자지 않고, 새끼들만 돌보다 죽음을 맞이합니다.
자연이 가르쳐준 대로 자신을 희생하여
자식을 키우는 큰 가시고기들의 사랑법!

사람도 부모는 자식들에게 큰 가시고기가 되어
죽을 힘 다해 뒷바라지하다가
큰 가시고기처럼 죽어서도 자식에게 봉사를 하는 사회!
부모는 이제 큰 가시고기가 되어버렸다.

젊은 사람들아!
생각 좀 해보자! 생각해보자!

부모들이 자네들을 낳아 기를 때, 마른자리 진자리 가려 눕히느라
동짓달 긴 밤도 그리도 짧았는데…….

남보다 잘 가르치려고 이리 뛰고 저리 뛰고
마음 놓고 먹고 놀지도 못하고
대학 뒷바라지 결혼 걱정까지
그리고 취직 밑천까지 다 대주다보니…….

허~어! 어느새 머리는 반백 되고
눈귀도 잘 보이지 않고 들리지도 않아서…….
후~ 한숨 쉬니 인생 환갑 나이 축 없이 내려앉았구나.

직장 퇴직 절로 되고 남은 재산 긁어 모아보니 텅 빈 둥지뿐.
반찬 없는 아침, 저녁 그래도 끼니는 넘기지만
노후 준비라는 숙제가 눈앞에 닥쳐 이 문제 풀 길이 없구나!

부모가 큰 가시고기를 닮은 게 아니라
자식 놈들이 큰 가시고기 새끼 닮아
부모를 다 뜯어 먹었는데…….
이 빈 둥지를 채워줄 사람은 자식뿐인데…….
모른 체하는 내 자식 마음속을 알고 싶구나!

사람들아!
큰 가시고기 닮은 아들이 있거들랑
둥지에 있는 노후 식량은 절대 털지 말고 꼭꼭 숨겨뒀다가
노후가 쉽지 않도록 밥은 먹어야 하네~!
이말 뜻 모르면 자네는 영락없는 큰 가시고기 꼴 되네.

"예! 그리고 아니오!"

"예! 아니오!"라는 대답을 할 때 고민스러울 때가 많다.

오랜 인생을 살아오면서 가장 힘든 말은
거절하는 말이라고 생각된다!
빚보증 거절도 힘들지만 며칠만 빌려달라는
거액의 돈도 거절하기가 정말 힘이 든다.

금전 거래관계로 멀어진 친척 이웃이 몇 사람이 되는데…….
도와달라고 할 때 미안하다고 거절하면 사이가 멀어지고 만다.
능력이 없어 거절을 해도 상대는 인정해주지 않는다.

마음의 부담은 오래 가고 마침내 친분도 엷어지게 마련이다.
구원 요청을 하는 사람도 힘이 들어 하는 것인데
그 요청을 들어주지 못한 마음도 힘이 든다.
모처럼 부탁을 들어주지 않는 데 대한 미안함, 서운함.

"빚보증은 죽을 생각을 하고 서주라!"는
말 한마디를 우리는 흔히 듣고 살아간다.
하지만 정작 그 문제가 자기 앞에 닥쳤을 때 눈앞이 깜깜해진다.
약 이십 년 전 보증의 피해로 집을 날린 경험이 생생한데…….

그 후에도 주위의 가까운 사람들이 가끔씩
요구해 와 마음을 힘들게 한다.
살아오면서 친분, 우정 등을 내세운 부탁의 한마디!
보증을 서주던지, 돈을 빌려 주던지…….
세상에서 가장 거절하기 힘든 말이지만
과거의 아픈 경험으로 거절은 하지만
다음의 만남은 힘이 든다는 것. 그것이 인간사다.
빌려달란 사람의 요구를 거절하느라 진땀을 빼는
이웃, 친지. 세상에서 가장 힘든 말을 하고 있는 것 같다.

"급전 좀 빌려주게! 며칠 후에 갚을 테니!"
"보증 하나 서주소! 걱정 말고. 자네 책임 안 지게 할게!"
"하~! 미안하네~! 없네! 안 되네~!"
"자네 사람 무시하나?"
정말 세상 살아가면서 하기 힘든 말이다.

부탁을 들어주자니 내가 힘이 들겠고
모른 체하자니 마음이 아픈 말이
"돈 좀 빌려줘~! 보증 좀 서줘!"
겨우 힘내서 하는 말인데…….
정말 없는데~! 보증은 정말 안 된다! 정말 힘든 대답이다.

이 일을 어찌 한다? 사람들은 고민을 한다!
그리고 결심한다. 안 되겠네~! 미안하네~! 정말 미안해!
힘들게 한 말인데 힘들이지 않고 대답한 것 같아!
서로의 믿음이 멀어질 수밖에 없다.

나는 믿고 부탁한 말인데 절망을 느낀다.
나는 힘들게 거절하는데 상대방에게서는 괘씸죄에 정말 힘이 든다.
좀 도와주게~! 안타까운 부탁의 말씀, 모두들 생각할 것이다.
정말 힘든 말이라고…….

친구나 친지가 구원 요청을 할 때 당신은 어느 말을 쉽게
할 수 있을 것인가?
생각해보면'예~! 아니오~!' 정말 고민이 되는 말이다.
예! 아니오~! 두 가지 말 중에서 택하신다면.

누가 말하는데……
맞선 자리에서 "예~! 아니오~!"라는 소리를 못해서
평생 원수를 만나서 고생고생을 하고 살았다더니만
하하~ 그것은 복이제 팔자제~~

'예~! 아니오~!'

간단한 말 같지만 세상과 맞바꿀 수도 있는 말이라는 것.
이 한 생명을 바칠 수 있다는 말이라는 것을……

곰곰이 생각해봐야 할 것이다.

로또의 작은 소망

얼마 전 뉴스에 미국의 79세 노인이
복권을 샀다는 이야기가 있었습니다.
그 노인은 천만 달러에 당첨이 됐다는데
당첨 소식은 듣지 못했답니다.
왜냐하면 발표 전날 사망하였답니다.

여기 로또의 당첨을 기대한다는 뜻보다 어려운 경제.
그래도 기대해보는 작은 사람들의 꿈 이야기가 있답니다.
어쩌면 이 시대를 살아가는 우리의 작은 기다림이 아닐는지요?
로또 당첨의 아주 작은 꿈이라도 힘든 지금의 우리에게
작은 꿈 이야기를 다시 한 번 해봅니다.

세상사 누가 뭐래도 할머니는 가난을 벗어보려고
마지막 꿈을 꾸고 있는 것입니다.

시골에 사는 할아버지 할머니가 병원에 다녀오는 길에 차비를 절약한 돈으로 인생 역전 한다는 로또 복권 두 장을 샀다.
길을 건너고 냇가의 징검다리를 건너면서 할머니는 꿈을 꾼다.

"만약 복권에 당첨되면 얼마 타는 거요?" 할아버지에게 묻는다.
할아버지는 소리 없이 웃으며 "한 십억은 되지!"
할머니는 복권이 당첨된 양 계산한다.

큰아들 몇 억, 작은놈 일 억 딸내미 친정 동생들, 못사는 조카,
빚진 사촌 빚 갚아주고 못사는 이웃도 주고…….
어~ 돈이 모자라네!

할머니 말에 할아버지가 한 말씀 거든다.
이 사람아! 수의 두 벌 값은 남겨두고 계산하소!
꿈이 깨기 전에 동네 정자나무를 지났다.
할아버지는 월요일이 되면 일찍 읍내에 가서 새 로또를 사와서
할머니가 꿈을 계속 꾸게 해야겠다고 생각합니다.

꿈을 깨면 안 되겠다고!

가난한 사람들이 행복한 꿈이라도 꿔야 한다는
할아버지만의 소원이 많은 사람들에게 희망이 되어
힘든 사람들에게 힘이 되었으면 하는 바람이랍니다.

아버지의 메모장

아버지가 아들에게 전하는 메모장에서
"욕심이 넘치는 것은 불행이란 병의 시초이다."

어느 사장이 나이가 들어 사업체를 아들에게 물려주면서
아들에게 부탁의 메모장을 남겼습니다.

사업이란 사람을 잘 골라 써야 성공하는 법이다.
이 사업도 내 힘으로만 성공한 기업이 아니고
직원들의 헌신적인 협조 때문에 성공한 것이니
이 말 명심하여 앞으로 회사 경영에 참고하거라!
이왕이면 고생을 많이 해본 사람을 선택해라.
고생을 적게 한 사람에게 일을 시키면
대개 "왜요?"라며 이유를 묻는다.
고생의 경험을 많이 한 사람은 "왜요?" 소리를 안 하더구나.

군대 다녀온 사람 중에도 군대에서 좋은 보직에서 근무한 사람과
전방 소총 부대에서 근무한 사람 간의 그 차이가 일을 시켜보면
나타나더라.

물론 다 그렇다는 것은 아니지!
대개의 경험이 그렇더구나.

사업이 어디 종교적일 순 없지!
1+1=2가 되는 건 수학적이고 이론적이며
종교적인 상식일 순 있지만 사업은 약간의 트릭이 있고
비밀이 있는 법이야!

그게 바로 세상사는 법이니 이 문제는 아주 민감한 부분이라
사람들은 사업 수완이라고 말하고 있다.

이론으로 말하면 교수, 박사님 따를 사람이 없지만
그 사람들이 사업을 하면 힘들어하는 이유가
바로 사업수완이 없기 때문이다.

내 이익만을 위해 무리한 트릭은 쓰지 마라!
사람들은 생각이 있어 평가를 하게 되고
언젠가는 해로운 조건이 반드시 따르게 된다.

가급적 신임하는 사람이라 할지라도
부정적인 이익 추구만 해서는 안 된다.
아무도 모르는 비밀이라 할지라도
하늘이 아는 이상 비밀은 지켜지지 않아
실패한다는 것을 명심해라.
마지막으로 사람들은 모두 욕심이란 것이 있으니
나누는 것을 잘해야 한다.
아주 민감한 사업의 수완이다.

사업체를 아들에게 물려주면서
기록을 해둔 아버지의 인생의 메모 일지입니다.
욕심이 과하면 반드시 넘치게 돼 있다.
메모장 표지에 쓰인 말입니다.

그리고 主라고 쓰인 마지막 장 글에는
"기회는 나는 새와 같아서 한번 놓치면
다시는 잡기 힘이 드는 법이다."

여보게, 친구들

여보게, 친구들~!
이제 우리 참 힘들게 장애물 경주 끝낸 기분일세!
그게 인생이라 하였던가?
인연에서 시작하여 인연 속에 살다가
인연으로 헤어지는 것이 우리 인생이 아니던가?

왜~! 불가에서 하는 말 이런 얘기가 있지!
제행무상(諸行無常)이라. 태어나면 반드시 죽는다는 것!
회자정리(會者定離)라. 만나면 헤어진다는 것!
원증회고(怨憎會苦)라. 원수는 한번은 만나게 되는 것!
그것이 우리들 살아가는 인생이라 말하고 있네~!

우리는 한 고향에서 만나 한 학교에서 배워
제 발로 걸어 나가 험한 세상 애써 살다가
이제 나이 들어 서로의 안부를 묻게 되니 그것이 친구였네!
만나면 섬진강 이야기에 지리산 노고단, 화엄사 천은사,
오산 사성암 함께한 추억들의 보따리들을 잊지 않고 챙기고~

여보게, 친구들~!
자네들은 그래도 잘도 생겼고 키도 크고 힘도 세고
그리고 부모님 덕(德)도 가졌고,
그리고 우수 유전자 머리를 받아 세상사는 데
큰 힘이 되었겠지만 난 정말 그 반대라!
세상 쓴맛 다 보며 남보다 일도 많이 하고 살았지.

한 달에 382시간 근무를 한 적도 있었지.
불가에서 말한 제행무상, 회자정리, 원증회고 그러한 인생이었지.
이제 라스트 장면에서 후회, 원망, 소망, 희망
그 무엇이 필요하겠는가?
만나면 등 두드리며 서로를 위로해야 할 시점에
인연 되면 만나겠지?
가까운 곳이라면 쉬이 만날 텐데…….

여보게, 친구들~!

소주 서너 잔이면 취하는걸!

인생이 취하는걸!

기회 되면 한번쯤!

만나게 되려나. 그것이 원증회고가 된 사인들

못 만날 게 뭐 있겠나?

만나면 하하 웃고 못 마시는 술잔 들고 구구팔팔은 빼버리고,

한번 해보세!

그리고 지난 이야기보따리 풀어헤치고!

퇴직한 아저씨의 푸념

마누라가
밥 짓는 법 가르치고
밥 잘한다고 칭찬, 칭찬

청소하는 법 설거지하는 법
따라 해봐요, 그래서 따라 해봤더니
칭찬, 칭찬 잘한다고 칭찬

국 끓이는 법 김치 담그는 법
그럭저럭 시킨 대로 했더니
자격증 딴 사람보다 더 잘한다고

아, 그러더니
요즘은 고스톱을 쳐서
지는 사람이 저녁식사 준비하자고

하도 어이없어 고스톱은 내가 왕인데
그래! 그래! 하자~ 내일 아침까지 하자.
자신 있어 덤까지 얹었더니

아, 이게 웬 이변! 피박에 광박에
덤까지 쓰고 보니
할 수 없어 밥 짓고 상 차리니

마누라 신이 나서
외식하지 말고 고스톱 자주 합시다
하~ 그놈의 칭찬 바람에

아, 글쎄
요즘은 계모임 나가면서 하는 말씀이
늦을지 모르니 저녁식사 지어놔요!

밥 무르지 않게 물 잘 맞추고요!
들어올 때 이슬이 한 병 사올게요!
곱창 안주랑 한잔 합시다. 저녁때!

이거이거, 참아야 하나 어째야 하나!
허허! 안 참으면 어쩔 것인데……
혼자 살고 싶냐구~ 흐흐~(마눌이 두고 쓰는 말)

'할머니' 라는 이름 때문에

할머니는 열일곱 살 되던 해에 시집을 왔습니다.
시집온 지 벌써 50년이 됐습니다.
곱다거나 예쁘다는 소리, 할머니는 듣지도 못하고
세상을 살다가 이제 늙어버린 할머니가 됐습니다.
시집오던 첫해부터 밭농사일, 길쌈 일을 하느라고
허리춤 펼 날이 없었습니다.
새벽닭이 울면 일어나 밤 열 시가 돼서야
몸을 추스를 수 있었습니다.

시집와서 하루도 쉬지 않고 일했으니
세상구경을 해보지도, 할 수도 없었습니다.
아이 셋 낳아 둘은 날리고 하나를 키웠습니다.
영감쟁이는 술은 고래요, 도박은 땡기요,
오입은 취민가? 습관인가? 작은댁 두고 살았지요.
할머니는 그것이 팔자라고 체념하고 살았습니다.

젊어서 경찰서에 영감이 싸움 사건에 말려들어 화해할 때
보증인으로 경찰서에 갔었고
나이 들어 아이가 학교에서 사고를 쳐서
선생님께 불려가서 주의 듣고 앞으로 책임지겠다고
시인서에 지장도 찍어줬고 그렇게 살다 보니
영감, 아들 명을 재촉해 먼저 가고
오늘 경찰서 보호실에 열일곱 손자 놈이 사고를 쳐서
보호자로 불려나왔습니다.

기다리는 동안 할머니 앞의 대형 거울 속에
어디서 많이 본 듯한 노인네가 있었습니다.
퍽도 낯이 익는데 얼마 후 할머니는 자신이란 걸 알았습니다.

아! 저렇게 늙었나?

남편 뒷바라지, 자식 뒤처리, 이제 손자 놈 문제까지……
먹고 살기 바빠 거울 한번 보지 못했으니
내가 나를 알아보지도 못하게 되었구나!
할머니는 지난 바쁜 세월이 아쉽지도 밉지도 않았습니다.
영감 죽을 때도, 아들 죽을 때도 할머니는 눈물이 없었습니다.
바쁜 세월 속에 묻혀버렸기 때문입니다.

보호실에서 경찰관이 손자를 데리고 나왔습니다.
할머니는 손자의 손을 꼭 잡아줬습니다.
이제는 잘하고 살아야 한다.
경찰관 아저씨도 말했습니다. 사고치지 말아라!
할머니 주름살을 봐라! 얼마나 고생하셨는가를…….
손자는 고개를 묻었습니다. 할머니 잘못했어요!

나이 들면 주름살만 인생 계급장처럼
나무 나이테처럼 흔적으로 남습니다.
사람이 한평생 산다는 게 그렇습니다.
젊을 때는 모두 예쁘고 아름다웠을 것인데
할머니의 한평생은 주름살이 되어 얼굴에 내려앉았습니다.
손자를 앞세운 할머니는 꼬부랑 할머니 걸음으로 배는 안 고프냐?
그래도 손자가 예쁜 모양입니다.

우리의 할머니 모습입니다.
할머니의 인생은 슬픔도 기쁨도 모두 잊고 살았습니다.
할머니의 한평생, 어쩜 우리 할머니들의 평생이었을
세월은 갑니다. 고향 마을 역에도 KTX 열차가 달리고
열네 시간 걸려 가던 서울길이 두 시간 반이면 가는 시대
할머니께서도 이제 편히 쉬셔야 할 것인데…….

모든 여자들이 해방의 자유를 만끽하지만
이 할머니에게 해방의 날, 자유의 날이 올까요?

가족에게 보내는 글

"둥이 에미야~!
 정말 수고한다. 아이 하나 키우는 데도 힘들어 하는데,
 아이를 둘씩이나 키우자니 정말 힘이 들 것이다."
며느리와 전화 통화할 때 시아버지 말씀입니다.

며칠 후 시아버지는 며느리 집에 들러 아이 봐주는 할머니에게도
고생한다고 위로를 했는데 할머니는 며느리가 아들을 너무
함부로 몰아세운다고 불평입니다.
돈 벌러 직장에 나가는 아들에게 직장 다니는 게
뭐 그리 힘이 드냐고 쏘아붙이는 소리!

이 얘기 저 얘기 불평이 가득합니다.
할아버지는 웃으시면서 할머니를 달랩니다.
이 사람아, 아들이 뭐 자네 아들만이여?
쌍둥이 애비, 쌍둥이 에미 남편 착각하지 말어!
원, 며느리가 아들에게 짜증을 안 내면 어데다 낼 거여!

그날 시아버지는 며느리에게 조용히 말을 했습니다.
어머니 당뇨병 환자여!
쌍둥이 볼 형편이 아니여!
그래 네가 더 힘들겠다.
이거 애들 귀저기 값이다!
할아버지 정겨운 말에 며느리는 감사하답니다.
영리한 녀석이라 알아들었을 것이여!
며느리가 어머님이 무슨 말씀하시던가요?

요즘 젊은 애들 영리해서 눈치 빠르지 그 후로는
할머니, 며느리에 대한 불평이 적어졌습니다.
쌍둥이 에미야! 너와 어머니는 세대 차이가
세 번씩이나 난다는 것 알지?
십 년이면 강산이 변한다잖어.
강산이 세 번 바뀐 사람이다, 그리 알아라!

할아버지는 요즘 아이들은 이해를 시켜야 얘기가 통하거던. 나무라면 절대 반발심이 생겨 말을 듣지 않는 법이여!
우리 시대야 초등학교, 잘해야 고등학교 다녔지만 지금 아이들 세대는 대학원 유학 출신들 아니여!
그런 놈들이 나무란다고 우리 말 듣겠는가?

할아버지 충고 말씀입니다.
아이 보는 앞에서는 남편을 욕해서도 안 되고
아내를 나무라서도 안 된다.
아이들은 보고 듣는 그대로를 자신도 모르게 배우게 되는 법이다.
세 살 버릇 여든까지 간다는 속담 말은 세 살 때 배운 게
평생을 간다는 뜻이니 아이 앞에서는 모든 걸 조심해야 한다.
그게 바로 산교육이야.

세상 사람들이 화날 때 참지 못하고
가족, 부모, 처자식을 저버리는 막가는
짓을 많이 하고 있는 시점에 자신을 돌아보는 시간이 필요하다.
그것은 오직 인내가 아니면 할 수 없는 것이다.
화난다고 성질대로 하는 짓은
5분 후에 반드시 후회하게 되는 법이라는 것.
아버지 평생 살아온 경험이더라.

전해지지 못한 편지

군대 입대하기 전날 밤에 겨우
용기를 총동원하여 편지를 썼다.

나, 군대 간다. 잘 있어라!
넌 참 좋은 애야. 항상 네 얼굴 볼 때마다 마음이 설레!

훗날 내가 제대를 하고 한번 꼭 만났으면 좋겠다.
꼭 해야 할 말이 있는데…….

그렇게 쓴 편지를 보낼까 말까 무척 망설이다가
큰 용기를 내어 십 원짜리 우표 붙여 우체통에 넣었다.
훗날 아무런 소식도 없었다. 혼자 무척 기다렸는데…….

고향 길에서 사십 년 후 퍽도 오랜만에 그녀를 만났다.
반백이 다 된 나이에 반갑다고 서로 손잡고 악수를 했다.

점심상에 술 한 잔…… 궁금했던 편지 이야기를 마음 붉히며
물었다. 그녀도 편지 이야기를 십 년 후에 오빠에게서 들었단다.

아버지가 편지를 받고 집안 망신이라고 펄펄 뛰며
저녁밥 짓는 아궁이에 넣어 불태워버렸단다.

술 한 잔에 얼굴 붉어진 그녀는 웃으면서
내용이 뭐였는데요? 속으론 알면서…… 묻는다.

나도 몰라, 정말 몰라. 나도 시침을 뗐다.
그녀와 나는 그냥 웃었다. 지나간 일은 쉽게 이야기를 할 수 있다.

만일 그녀가 편지를 받았다면 지금은 어떻게 살고 있을까?
편지 한 장의 행방이 운명의 길을 바꿔준 게 아닐까?

인생의 삶이 묘한 거라는 생각이 들었다.
분명한 사실은

내가 쓴 첫 편지가 배달사고가 나버렸던 사실이다.
그녀도 한마디 ……그 아버지가 없앤 편지가

사실 처음 받아볼 편진데…… 고집쟁이 울 아버지 때문에……
아~아~! 내용은 별거 아녀…… 기대치도 없는 거라.

그리고 그녀와 나는 술 한 잔을 단숨에 마셔버렸다.
술 먹는 시합을 하듯이…….

그녀는 다음에 기회 있으면 우리 집사람과 함께 식사라도
하자고 한다, 고맙네…… 무엇이 고마운지는 몰라도…….

어느덧 밖에는 어둠이 내리고 있었다.
잘 가시게, 건강하게 사시게……. 왜 그럴까? 쓸쓸해진 마음은……

간직해둔 아름다운 꿈이 깨지면 허전한 마음이 된다더니……
그 첫 편지에 내 젊은 시절의 아름다움이 담겨 있었던 것일까?

어느 아버지의 작은 등

"아버지 사랑해요~!!"

새벽밥을 드시고 "나 다녀올게" 하시면서 일 나가시는
아버지의 뒷모습을 보면서 울컥 서러운 생각에 눈물이
핑 돌았다. 나이 오십을 훨씬 넘긴 아버지. 벌써 삼십 년
넘게 공사판 따라 일 다니신 지 삼십 년 세월이랍니다.

새벽밥도 혼자 챙겨 드시고 딸 형제 잠 더 자라고 배려하시는
아버지에게 우리는 무척 짜증을 내곤 했던 철부지였는데
이제 스물둘 철이 드는 모양입니다. 몇 년 전 어머니가 병으로
돌아가실 때도 아버지는 눈물을 보이지 않으셨습니다.

여보, 내 일이 탈이요. 저 딸내미들 잘 키워 시집보내라는
어머니의 간곡한 유언에 아버지는 혼잣말을 하셨습니다.
오늘따라 아버지의 등짝이 왜 그렇게 서럽게 보이는지!
아버지 등에 업혀 응석부리던 동생과 나는 이렇게 컸는데

이제 아버지 등짝이 왜 저렇게 작아 보이는지.
이번 어버이날 나와 동생은 아버지를 모시고 어머니 묘에 가기로 했습니다. 하루쯤 좋은 곳에 여행을 가자고 했더니 아버지 말씀은 "너희 어머니랑 하루 놀아야제"하십니다.

저 작은 아버지 등으로 우리 형제를 업어 키우시고
저 작은 아버지 등으로 공사판에서 짐을 지고 일하셨고
저 작은 아버지의 등짝에는 아버지의 눈물이 고여 있지.
어느 시인이 시에 우리 아버지 등짝은 염전이라 했듯이!

아버지 등허리엔 하얀 소금꽃이 항상 피어 있었습니다.
아버지 등짝엔 소금밭이 되어 항상 소금기가 흘렀습니다.
아버지 사랑합니다, 존경합니다. 아버지 그 고마우신 사랑
우리 두 딸이 무엇으로 그 은혜를 갚을 수 있을까요?

아버지~! 우리 아버지~! 사랑합니다! 사랑합니다!

아버지께서 보내주신 아침 메일

세상 살면서 꼭 주의해야 할 것은 부정한 짓은 해서는 안 된다.
부정한 짓은 하는 순간부터 살아가야 할 인생에
큰 짐이 된다는 것을 한순간이라도 잊어서는 안 된다.
그 짐은 언젠가는 곪아터져 너에게 큰 치명타가 되는 것이다.
뉴스에 자주 오르내리는 이름 있는 인사들의 이야기 중에
자주 보는 이야기가 아닌가 싶다.
(부정한 짓은 점잖은 표현이고 나쁜 짓, 도둑놈 짓, 불량배 짓과
같은 뜻의 말이다.)

"이 사람아, 이 말 한번 들어보게."

칭찬은 사람을 취하게 하는 술과 같은 것이며
아첨은 사람을 혼미하게 하는 마약과 같은 것이고
뇌물은 사람을 얽어매는 올가미와 같은 것이거늘.

사람들은
칭찬!!
아첨!!

뇌물을 겁 없이 좋아하니…… 그것들이
세상에 불거지면 창피는 아는지 몸 둘 바를 모르면서
한치 앞 세상사가 파도에 뜬 가랑잎인 걸 예전엔 몰랐다.

공든 탑이 무너지랴!!
공든 탑이 무너지고 있다.
무너진 이유를 보는 이는 안다.
범생이 말이라고 액자를 만들어 걸어두게나!

이 사람아!
자네 갈 곳이 몇십 리나 남았는가?
자네~!
잘났다고 뽐내봐야 그게 그거여.
자네~!
얼굴 고쳐봐야 그게 그거여.
사람이 산다는 것
자네 스스로 잘 알지 않나
모든 것
세월 지난 후엔 그게 그거 아니던가?

(좋은 '시'가 있어 적어 보내니 한번 음미하기 바란다.)

아침에 아버지께서 아들에게 보내온 메일입니다.
요즘 세상 몹쓸 짓 하지 말고 살라는 충고의 말뜻입니다.
너와 나만 알자는 비밀도 세상에는 존재하지 않는다는
충고의 말씀입니다. 둘만 아는 비밀이라 하지만
네가 알고 내가 알고 하늘이 알고 땅이 알고
CCTV가 보고 녹음기가 듣는 세상,
어찌 둘만이 아는 비밀이 존재하느냐는 뜻 깊은 충고입니다.
아무리 친한 사람도 좋을 때 호형호제(형 동생)하지만 나쁠 때는
가장 무서운 적이라는 사실을 깨우치지 못하면
한번은 당한다는 말씀도
잊지 않으셨습니다. 요즘 터지는 부정부패 사건들을 두고
하는 말이라 짐작이 갑니다.

검은머리 가진 짐승은 한번은 반드시 배신을 하게 되니
비밀스런 일은 절대 하지 말라는
충고의 말씀이었습니다. 별게 아니라는 글이라 생각했지만
읽어볼수록 깊은 뜻이 있어 비망록 첫 장에 메모해두었습니다.

어머니의 마음

설이 지난 초사흗날에 아들이 고향집에 왔습니다.
혼자 사시는 어머니, 그래도 무척 반가워하십니다.
어머니 연세가 올해 칠순
남들 같으면 손주가 중학교를 다닐 텐데.

올해 아들 나이 불혹인 사십, 아직 장가도 못 갔습니다.
형편이 나아지면 장가가겠지 하는 기다림도 작년에
직장 사장이 부도를 맞아 일자리를 새로 찾다가
이번 설날 특별 일용직 자리 얻어 설날 근무를 하고서
초사흗날 노모를 뵈러 시골집에 온 아들.
어머니는 아들에게 따뜻한 떡국도 끓여주고 상 차리고
늦었지만 아버지 산소에 아들과 함께 성묘도 하고
밤차로 가는 아들이 못내 아쉽지만 새로 얻은 직장에
충실해야 하기 때문에 아침에 왔다가 저녁에 가는
아들을 붙잡을 수 없습니다.
아들 배낭 속에 아들이 좋아하는 유과랑 떡을 싸서 넣고
지난해 틈틈이 일해 모은 돈 이십만 원을 아들 몰래
용돈 쓰라고 짐 속 깊이 넣어줍니다.

"필요할 때 써라. 돈 걱정보다 몸 걱정을 해야 한다.
술도 건강 생각해서 덜 먹고 담배도 끊어라. 내 걱정은 말고."
나야 잘살고 있으니…… 서툰 글씨로 편지도 썼습니다.

아들이 타고 갈 기차 정거장까지 배웅하겠다는 어머니를
아들은 말리고 걱정 마세요, 직장에서 열심히 일하면
좋은 수가 생길 겁니다. 그리고 장가도 가야지요!
어머니 궁금증인 장가 이야기에 희망을 줍니다.

어머니 걱정 마세요, 좋은 소식이 있겠지요.
봄이 되면 한번 오셔요! 잘살고 있어요!
밥도 잘해 먹고…… 어쩐지 아들 말소리에 힘이 없습니다.
아들이 안 보이는 어둠을 어머니는 한참을 바라보고 있었습니다.

아름다운 이야기 두 편

(어느 아주머니의 이야기)

"여보~! 힘내세요."

적은 돈을 들고 시장에 가서 장을 보니 물가가 너무 올라 이리저리 헤매던 아주머니.
남편 주려고 굴비 두 마리를 샀다.
돈이 빠듯하니 아이들 몫까지 안 된다. 아이들이 일어나기 전에 새벽밥
먹는 남편 밥상에 굴비를 두 마리 올린다.

밥맛이 없다던 남편도 굴비 반찬에 새벽밥을 맛있게 먹는다.
아주머니 얼굴에 환한 웃음이 밴다.
축 처진 어깨를 펴라고 남편에게 힘을 보탠다.
살다보면 언젠가는 잘살 날이 있겠지요?
여보! 힘내요! 건강해야 돼요! 건강이 제일이요!

힘 얻은 남편은 순간 마음이 가벼워진다.
그래 열심히 일해서 우리도 잘살아보자!
새벽 출근 전철역으로 가는 발걸음도 가볍다.
아주머니는 지금껏 아이들 위주로 살아왔는데
이제 남편을 위해서 살아가야겠다는 마음이다.
설도 이십 일밖에 안 남았는데 이번엔 고향엘…….
두 해나 형편 핑계로 고향엘 못 갔는데 이번 설에는
고향에서 기다리는 어머닐 "꼭!"
아주머니는 콧등이 시려왔다. 어느새 눈물이…….
"꼭 갈게요, 어머니!"
아주머니는 목이 멘다.
"꼭 갈게요, 어머니!"
어느새 날이 밝아 행여 아이들이 볼까 싶어 눈물을 훔친다.

어느 할아버지 이야기

"여보, 건강해야 돼요!"
"해피 버스데이 투유~"
이른 아침 7시, 17평 서민 임대 아파트에서
66세 된 할아버지가 생일 축가를 부르고 있다.
마누라 공순례 여사 회갑일!
아파트 경비 교대가 8시라 회갑 상을 일찍 차렸다.

회갑상이라야 미역국에 찰밥 그리고 케이크!
공순례 여사는 당뇨가 심한 탓에 거동이 불편해서
할아버지가 상을 차렸다.

그리고 그 상을 놓고 마주앉아 할아버지가 축가를
부르고, 할머니는 손뼉치고!
그리고 촛불을 불어서 껐다. 딸이 하나 있었는데
대학 1학년 때 사고로 죽고 할아버지 형제간도 술 때문에
하나는 죽고 하나는 알코올 병동에 있으니…….

정말 없는 것보다 더 못했다. 공순례 여사가
스물둘에 시집와서 39년 동안 살면서 고생 고생했지만
벌어둔 돈은 딸이 죽을 때 도와준
고향후배의 보증부탁에 거절 못하고
그래서 전 재산을 날려버렸다.

공순례 여사의 병도 이때부터 시작됐고,
아파트 경비도 나이가 넘었지만 열심히 일한 덕에
인정을 받아 다니고 있는 형편이었다.

아들도 딸도 재산도 없는 처진데…….
공순례 여사는 영감이 회갑상이라고 차려준 게 눈물겨웠다.
미역국에 아침을 먹고 할아버지는 공순례 여사에게
돈 봉투를 내밀었다.

이 돈 가지고 입고 싶었던 메이커 옷 사고
자네 친구들 불러서 거하게 점심 한번 사소!
공순례 여사는 자기도 모르는 새에 두 눈에 이슬이 맺혔다.

"꼭 친구들하고 점심 먹고!"

할아버지는 바쁘게 아파트 계단을 내려가고 있었다.
출근길, 할아버지 마음도 뭔지 모르게 치밀어 오른 것 같았다.
40여 년간 호강 한번 못 시켜준 마누라에게 미안한 마음이…….

아, 오월이다

오월입니다.
봄이라지만 봄이 여운을 남기는
오월 향긋한 내음의 계절입니다.

아카시아 향긋한 내음새
찔레 향 상큼한 향기 맛
그것이 오월의 정취랍니다.

어느 한 사람이 넋두리를 하는데
검은 머리가 잔뜩 마신 술을 깨서
정신 차리니 온통 흰머리뿐이라.

인생
구름 같다는 말, 뜬구름 같다던 그 말이
새로워지는 날 아침입니다.

어디서 왔다가 어디로 가는지 모른다고
입버릇처럼 말하던 그 세월 속 인생이
오늘 상큼한 오월의 아침을 맞습니다.

갈 곳은 모른다는, 가는 곳을 모르는
생각하기도 싫다는 그 세월 속에
당신 내 손 꼭 잡고 함께 해주시네요.

이 맑은 오월의 하늘이
이 푸른 오월의 산천초목이 가기 전에
마음속 깊은 곳에 간직하고 싶습니다.

아무것도 아닌 사람 나인데
오월이 나를 사람이라고 사람대접 하는구려.

향긋한 아카시아 찔레 향, 붉은 장미꽃이 아름다운 아침입니다.
무궁화 꽃 닮은 철쭉꽃이 한창입니다.

이 아름다운 오월의 아침을!
당신과 함께 그 멋, 그 향을 맛보고 싶네요.
오월 한 달이 내내 평생 삶이라면
훗날 떠나는 날, 참 좋은 계절이라 말하렵니다.

하늘은 푸르고
산과 들도 푸르르고
우리의 마음도 푸르른 이 오월에.

취직 걱정에 힘들어하는 아들에게

그래도 힘내자~!!
경제가 아직도 힘들다고 한다. 세계 경제도 어렵다고 한다.
이 어려운 시기에 취직이 안 되는 너를 보니
마음이 무거워진다.
그래서 아버지는 후회가 되는구나!

하지만
비록 평생 동안 너에게 가르치지도, 남겨줄
유산도 없지만 오직 이 말은 해주고 싶다.
한평생 살아오면서 후회된 아버지 경험의 말이다.

산에 오를 때 정상을 먼저 바라보는 것은 바보짓이다.
앞만 보고 경관을 즐기며 산에 오르면 어느새 정상이다.
정상만 생각하고 오른다면 몸도 마음도 지쳐버린다.
아버지 한평생은 정상만 생각하다 실패하고 지쳐버렸다.

부자는 따로 없다.
왜 부자인가를 생각하기 전에 생각까지도 저축을 해라.
남이 부자인 것만 생각하다가 내가 할 일에 힘만 빠진다.
나는 돈 많은 남만 부러워하고 시기하다가 이 모양이 됐다.

속담에 천릿길도 한 걸음부터란 말은 정말 옳은 말이다.
모든 일은 처음부터 기초를 다져야 한다는 뜻이더구나.
기초도 없이 설치다 보니 한평생 되는 일이 없더라.
한평생을 다시 살 수 있다면 그 속담을 믿을 텐데…….

인생을 싣고 가는 세월은 참 빠른 것이다.
돈 있는 부모가 평생 나를 돌봐줄 것이라는 은연중 생각에
아버지는 넥타이 매는 법 말고는 배운 기술이란 게 없구나!
그것이 오늘의 무능한 아버지로 만들어버렸다.

자신의 위치를 알아야 한다.
아무것도 모르면서 아는 체한다는 것, 그건 민망한 꼴불견이다.
남의 위에 서보려는 생각이 있기 전에 내가 진정으로 자격을
갖추었는가를 생각하자 이 아버지는 그것을 몰라 이 꼴이 됐다.

원망하고 질책을 하기엔 너무 늦어버렸다.
아버지의 실패를 원망하는 것은 너무 늦다.
너는 오직 실패한 아버지로 서지 말고
성공한 아버지이기를 고집해라!
높은 사람들 모두 자기의 노력 속에 서 있는 것이다.

자~ 어차피 세상은 네 몫이다. 뒤돌아보지 말고 뛰어라!
승자는 이론에 집착하지 않는다.
세상사가 이론대로 되는 것이 정말 아니란다.
이론은 어디까지나 기준일 뿐, 방법은 아니다.
오직 나 자신을 알고 실전에 임하는 것.
이것이 제일 좋은 방법이다.

항상 자기변명을 하는 습관은 버려야 한다.
변명! 그것은 사람을 신의가 없는 사람으로 만드는
가장 손쉬운 방법이기 때문이다.
낮은 자세로, 낮은 자세로 저 높은 곳을 오르는 것이
좋은 방법이다.
낮은 자세란 사람들의 관심 밖이다.
그 말은 방해꾼이 없다는 뜻이다.

성공한 사람일수록 진실해야 후환이 없는 법이다.
부디 명심하거라! 평생을 살아온 경험에서 얻은 이야기니
경제 어려운 것 열심히 노력하면 반드시 좋아질 날이 있다.
하지만 그것은 여러 사람들의 노력이듯 자신들의 몫이기도 하니까.

그래서 우리는 해낼 수 있는 저력의 민족이라고
모두 다 말을 하더군!
지난번 세계야구대회 결과를 사람들은 이렇게 말하더라고.
코리안 리그가 메이저리그, 저팬리그보다 실력은 떨어지지만
태극 마크만 달아주면 훨훨 나는 게 우리 민족의 저력이라고!

경제에도 태극마크 달아줬다니 곧 훨훨 날 것이라 믿는다.
아들아~! 힘내라, 주저앉지 말아라!
뜻이 있는 곳에 길이 있는 법이다.
모든 사람은 누구나 어려운 세상
고비를 넘게 된다는 것 언제나 잊어서는 안 된다.

세상사는 이야기

아들~!
세상사는 게 힘이 들거든 이 글을 읽어 보거라.
세상사는 이야기 중에 최고의 이야기라고 생각된다.

가. 건강 이야기
1. 보약보다 효과가 있는 것은 운동이다.
2. 보약보다 효과가 있는 것은 음식 잘 먹는 것이다.
3. 보약보다 효과가 있는 것은 나쁜 버릇 고치기다.

나. 정신 이야기
1. 세 번 생각하고 세 번 인내하라.
2. 내가 남보다 잘났다는 망상을 꼭 버려라.
3. 남의 잘못을 따지기 전에 내 잘못을 돌아보자.

다. 대인관계 이야기
1. 상대를 대접하라. 그래야 내가 대접받을 수 있다.
2. 상대를 무시하면 또 하나의 적이 생긴 것과 같다.
3. 상대에게 내 속마음을 내보이지 말라.

라. 친구 이야기

1. 믿음과 신의가 있어야 한다.
2. 거짓 없는 진실이 있는 우정이어야 한다.
3. 친구의 흉을 내 흉으로 생각하고 스스로 막아라.

마. 경제 이야기

1. 저축은 꼭 해야 한다(어려울 때가 반드시 있다).
2. 보증은 절대 서지 말라(목에 밧줄을 맨 것과 같다).
3. 기분대로 사업상 약속은 하지 말라(약속은 빚이다).

바. 가족 이야기

1. 매사에 사랑이 스며야 한다.
2. 가사 일은 서로 돕는 게 필수다.
3. 서로의 인격을 존중하고 언행을 조심하여야 한다.

짐승은 생태 본능으로 살아가지만 사람은 지적으로 살아간다.
사람은 짐승에게는 없는 도덕 윤리의 규범을
지키며 살아가는 사회적 동물이라고 한다.

용사는 말이 없다

현충일은 쉼 없이 돌아오는데

용사는 아는지 모르는지
무덤가 잡초랑 곱게 단장되고

잊힌 이름일까
현충일에 불러보는 이름 석 자

이등중사 계급장에
고향에 계신 어머님이

구천에서
부르는 목소리가 한스럽기만 하고

누구의 잘못인가요?
전선에서 쓰러진 용사

세상은
모르는 체 세월만 흘러가고

지금도 비명에는
이등중사 김 아무개

고향의 어머님이
저세상에 가시니

오호~!

이 하루도 찾아주는 가족이 없구려
국군묘지에 잠든

육군 이등중사 외롭다
김 아무개 새겨진 이름 석 자

오늘 따라 비명도 애처롭고
현충일은 가고 또 오고

어데서 날아온 산비둘기 한 마리
국군묘지에 참배 왔나

저 산비둘기도 무슨 사연 있기에
저리도 울고 있을까

……또 한 번의 현충일을 맞으며……

유월은 보훈의 달
사람들 기억에서 멀어지고 있는 걸까?

가문의 영광

〈2010년도 7급 공무원 115 대 1〉
뉴스 제목이다.

예전엔 고시쯤 합격해야 가문의 영광으로 돌렸다.
그리고 동네 어귀나 아파트 입구에
축! 아무개 고시 합격 플랜카드도 나붙었다.

지금은 누구네 자식이 ㅇㅇ기업에 합격만 해도
입소문은 가문의 영광으로 나돈다.
취업이 되면 결혼 조건의 1순위가 되고
사회활동에 있어서 어깨 펴고 할 수 있고
사람들에게 똑똑한 놈으로 인정받게 된다.

이제 누구나 가문의 영광을 누리려면 대기업 사원
정도라도 꿈을 이루어야 한다.

물론 공무원 시험 합격 또한 경사다.
사주팔자에 가문의 영광 해석도 고칠 법하다.
다음 세대는 어떻게 될지 근심 반 걱정 반이다.

기대심리는 복권 당첨 수준이고!

가문의 영광은 여러 사람의 근심걱정을 덜어준다.
본인도 결혼할 수 있고 맞선을 본다 해도 처녀는 남자 쪽 직장이
좋아야 된다고 하고, 직장 가진 남자는 맞벌이해야 산다고
여자 쪽 튼튼한 직장여성을 원하니 어디 조건 맞는
사람이 그렇게 많겠는가?

그래도 위신은 세우고 싶어서 혼자 사니까 편하네!
아이 낳아 뭐해? 귀찮기만 하고!
장가 시집 못 간 핑계 편하다! 귀찮다!
이렇게 둘러대고 사십 고개들을 바라보고 있다.

누구?

대개의 중년 총각, 중년 처녀들 말이요.

그래서 올해도 가문의 영광은 이것입니다.

"취직 시험에 합격하는 거요."
"총각 처녀 결혼식 하는 거요."
"아들 딸 낳는 거요."

인생

어제 등산길에서 들은 이야기라지만 듣고 보니 우리 현실이 그가 하는 이야기와 틀린 게 없다고 생각하니 정말 인생 맛이 쓰다. 함께 간 사람의 이야기는 이러했다.

친구에게서 전화가 왔다.

노인 병원에 입원한 친구다. 삼 년 전 중풍에 반신을 못 쓰지만 머리 쪽은 이상이 없는 터라 가끔씩 전화를 해오는 친구다. 아내는 먼저 가고 혼자 살다가 중풍을 맞아 병원신세!

더 이상 완쾌도 안 되기에 노인 병원을 전전하며 병원생활을 하고 있다는 친구, 내후년이면 칠십이 된다고 한다.

병원생활이 지루하고 답답하지만 퇴원을 해서도 갈 곳이 없다고 한다. 아들 셋이 있지만 병든 아버지 부양할 아들은 없단다.

지난 번에 큰아들이 병문안 왔을 때 답답하니 퇴원 좀 하자고 하니까 대답이 없더니 가면서 하는 말이 "병원에 그대로 계십시오."

둘째 아들이 왔을 때 말했더니 그 아들 역시 마찬가지 대답.

"병원이 좋겠구만요."

셋째 아들이 왔을 때 사정사정 했더니 하는 이야기가 "내가 내 마음대로 하고 사는 세상이 아닙니다. 내 몸도 겨우 지탱하고 삽니다." 아내에게 꽉 잡혀 사는 아들이라 그 내막을 잘 안다.

국민연금에 젊어서 넣어둔 보험 연금 합해서 몇 년간 병원생활 돈은 되지만 이제 병원 밥도 넌더리가 난다고 한다. 반신을 못 쓰니 도우미가 있어야 한다면서 아들집에 가봐야 누가 도와주겠는가? 아들 며느리에게도 신세지는 일은 안 되겠고 죽어야 하는데 죽어지지도 않고 자네에게 이런 넋두리 전화를 할 수밖에 없다는 친구!

전화를 끊고 생각해보니 내 입장도 같은 처지다. 아프면 갈 곳이 없다. 손자 놈들도 "할아버지~" 하고 부를 때 건강하고 주머니돈이 있어야지. 생각해보니 인생 오래 산다고 반길 사람 하나도 없는데…….

며칠 전 어떤 친구가 하는 말.

"건강검진을 뭐 하러 해! 오래 살아봐야 좋아할 사람 하나도 없는데!"

한숨 섞인 소리를 하던데 그 소리가 귓전을 맴돈다.

"아들놈들도 며느리 편 된 지 오래 됐어!"

병원에 입원한 어느 노인이 한 말이 인생 뒷맛을 씁쓸하게 할 뿐이다. 오늘 따라 인생의 삶이, 회자정리란 말씀이 생생하게 귓전을 때리는 것 같다.

어느 술 취한 중년의 객기

술 때문에 실수를 한 사람들이 퍽 많다.
그래서 술버릇이 그 사람의 인생을 좌우하는 경우가
많다는 것이다.

사람들은 술을 배울 때 법대로 배우면 나쁜 술버릇이 없다는데
제멋대로 배운 술버릇이 개 되기에 꼭 알맞다 한다.
술 때문에 개망신 사람들이 많다.

어느 중년 남자가 술을 마시고 개가 된 이야기가 뉴스를 탔는데
얼마 전 저녁 8시경, 술 취한 중년이 대리운전을 불렀다.
여기까지는 술 취한 중년이 제대로 한 정상적으로 한 짓이다.

대리기사는 60대 아주머니.

술 취한 중년, 술이 죄지!
나이든 아주머니가 무슨 가슴이 있다고.
더듬더듬

놀란 대리기사 아주머니 차를 세우고 경찰에 신고!
깜짝 놀란 취객 제 차니까 운전을 해서 줄행랑!
결국 경찰에 잡혔다.

성추행 음주 운전 조서를 받다가 경찰에게 욕설욕설 객기의 극치.
결국 술이 성추행 음주운전 공무집행 방해!
삼겹살 죄를 만들어버렸다.

그 뒷이야기는 모르겠지만
술이 깨고 나면 술이 죄라고 두 손이 발이 되도록 빌 게 뻔한 사실!
술 때문에 술 때문에 개망신 됐다고.

죗값이 무겁게 나오면 술이 죈데
죗값이 억울하다고 술 핑계 또 한 번
술이 죄!
그놈의 술-함께 술 마신 넘들 원망원망 해본들 무슨 소용

하필 취객 앞에 여자 대리기사여!
재수 없다 원망을 많이 하겠지.

중년 술꾼 술 깨고 나면 마누라 잔소리
친지들의 충고, 경찰 문제
고민! 직장 소문! 동네 소문!

제일 힘든 건 자녀들의 피해!
"걔네 아버지는 술 마시면 개 된다."라는 아이 친구들의 비아냥소리
정말 할 일이 많겠다는데.

어제 함께 술 마신 친구 놈들도 발뺌하겠지.
얼마 안 마시고 대리기사까지 불러 집에 보냈는데
아마도 억세게 재수가 없었던 모양이여

여보, 당신도 술 마시고 하는 행동을 비디오에 담아
훗날 다시 보면 참 웃기고 웃길 거여.
낯 뜨거운 장면 많을 것이고.

난 안 그런다고.
헤헤 지난번 술 마시고 김 여사에게 뭐라고 했지?
인마, 그 말 하면 너 죽어? 켕긴 일이 있는 모양.

그래서 사람들은 술 마시면 개가 된다는 말……
아니 개보다 더 심한
행동을 할 수 있다는 것이 술꾼 이야기에 웃고 말 것인지.

술꾼들! 술버릇 개 못주고, 술 취하면 개 된다는 사실
잊어서는 안 돼요! 안 된다고요!

칭찬이 넘치면 자만이 됩니다

칭찬인 줄 알면서 그게 공치사란 걸 알면서
술을 마셔 취한 것처럼 기분이 좋아지는 것일까?
칭찬에 기분 좋아진다~!
확실히 어딘가 모자란 것이 있다.
칭찬이 넘치면 자만이 됩니다.
칭찬이 넘치면 판단력이 흐려집니다.
칭찬이 더해지면 세상을 보는 눈이 흐려집니다.
내가 누구이며 내가 어디 사는 사람이란 것까지
묻혀버리면 안 됩니다.
그 묻힌 곳이 마지막이란 걸 알아야 합니다.

누구나 칭찬을 받으면 어깨가 들썩거립니다.
표정이 밝아집니다.
마음이 좋아집니다.
자신감이 솟구칩니다.
세상에서 최고 기분 됩니다.
거기까지가 칭찬의 효과입니다.
그 이상 넘치면 그릇을 깨는 우를 범합니다.

지금 세상사는 모든 사람들이
칭찬받기를 기대하고 기다립니다.
그래서 항상 어른들은 이렇게 부탁을 하지요.
잘 나갈 때 조심해라!
잘 나갈 때 조심해라!
떨어질라 조심해!
비행기 태운다, 조심해라!

지금 우리는 우리 스스로가 자만에 취하고 있는 건 아닌지?
큰일을 앞둔 여러분들! 지금 자만에 취한 건 아니신지?
칭찬은 아부하고 구별하기 힘드니까요~!
과한 칭찬이 자만을 만든다는 것, 잊지 마세요.

말 한자리의 가치

말 한자리 조심하세요.
고민을 해야 합니다

당신이 생각 없이 하는 말
세상에 독이 됩니다.
당신이 생각하고 하는 말
세상에 약이 됩니다.

사회생활을 하는 데 의사표현인 말
정말 중요하다
말 한자리에 천 냥 빚도 갚는다는 속담도 있다
이웃과 친구 사이 모두 말 한자리에

말 한자리에 생명이 결정되는 수도 있으니
함부로 생각 없이 말하는 당신 조심하세요.
말조심하려고 항상 결심을 해보지만
세 치의 혀가 생각보다 먼저 덥석
말을 해버리니 여과도 되지 않은 말이

입 밖으로 나가버리니 입이 화근이라
이 혀가 말하기 전에 머리를 거쳐 생각을
해본다면 실수되는 말은 없을 것인데

이익도 없는 일에 혀가 신이 나서 야단이라
속상한 언쟁만 벌어지는구려
이놈의 혀! 이놈의 말을 혀가 입 밖으로
내보내니 입은 모든 화를 불러들이는
문이 되어버린다.
하고 싶은 말도 1초의 여유를 가지고

머릿속에 거친다면 말조심 필터가 걸러 낼 텐데
그놈의 혀하고 주둥이가
쫄랑대다니 생각이 화근이라 누명을 쓴다.
머릿속 필터는 말조심 하려 했는데

모든 화의 근원은 입이라 했거늘
입~ 너 때문에 나 항상 미안해, 사과를 하지
입~조심해라 그놈의 주둥이
사람들은 입을 찧고 있지 "화근이여!"라고

시골 의사
(아내는 동네 의료소 소장쯤 되나?)

전화가 왔다.
아침 시간이다.

언니~ 어제 이비인후과에 안 갔더라면 큰일 날 뻔했어요.
의사가 오래되면 축농증 된다고 했어요! 고마워요~!
앞집 아주머니의 결과 보고다. 코 가래가 많이 나오는
앞집 아주머니를 이비인후과로 가라고 권했단다.

잠시 후 또 전화가 왔다.
언니~! 얼굴 박피 시술 오늘 늦게 가도 해줄까?
그럼 돼~!
오전 예약해뒀다는데 손님이 와서
오후에 간다는 것이었다. 장사하는 동생이다.

이번에는 왕진 전화다.
춘자 아주머니 내외가 한 달째 감기란다.
큰일 나니까 병원에 가라고 독려한다.
목이 아프면 이비인후과란다.
이왕이면 내과에 가서 피검사.

우리 집 아주머니를 동네 의료소장이라고 착각을 하시나?
그래도 자기는 다리야! 허리야! 매일 찜질방에서 산다.

다행이 의료 분업 탓에 조제는 안 해주니 다행이네…….
그 전엔 감기엔 판** 뭐라는 약, 배 아프면 가스**란 약 권했지.
하하~! 당신 의사여? 약사여~?
아는 체 말어!
큰일 나네~!

힘든 우리 삶의 감동적인 이야기

'우정 어린 축의금'

칠 년 전 아들 결혼식 때 친구가 축의금으로
백만 원을 했다. 그때는 친구가 퍽 고마워
콧등이 시려오는 걸 겨우 감정을 눌렀다.
친구에게 항상 감사한 마음으로 살았다.

그런데 며칠 전 친구로부터 아들 결혼 청첩장을 받았다.
왠지 기쁜 마음보다 걱정이 앞섰다.
하루 살기에도 빠듯한 삶이기에
어떻게 축의금을 챙길까 하는 걱정이 앞섰다.

마누라와 상의를 한 결과 일수 돈을 내서라도
축의금을 해야 한다고 했다. 축의금이란 축하로
주는 돈이기 이전에 상부상조한다는 뜻이란다.
일수 얻은 돈으로 후련한 마음으로 결혼식장에 갔다.

친구는 악수를 하면서 연신 와줘서 고맙다고 했다.
바쁜 틈에도 안부까지 물어줬다.
정말 아내와 나는 일수 돈을 얻어서라도 빚을
갚게 된 것이 참 잘했다고 했다.

그런데 며칠 후 집으로 등기우편이 배달되었고
발신인이 친구에게서 온 것이라
웬 인사장을 등기로 보낼까? 뜯어봤더니
눈에 익은 친구의 글이었다.
"이 사람아! 내 자네 형편 다 아는데 무슨 축의금을……."

축의금이 뭐냐고 우정 맺힌 나무람이었다.
"평소에도 자네 살림 어려운 것 아는데 이게 무슨 짓인가?"
"자네! 우정을 돈으로 사려고 했느냐?"는
나무람과 이백만 원의 수표를 보내왔다.

이 사람아! 나는 자네 친구야.
어려운 자네 형편에 백만 원이 무슨 소리냐!
만 원이면 족하네.
여기 이백만 원 보내니 그리 알게.
이 돈을 안 받는다면 자네를 친구로 생각지 않겠네.

그리고 아들 결혼식에 참석해줘서 고맙다는 말과
한가한 틈이 나면 옛날 그 포장마차에서 돼지곱창에
소주 한잔 하자는 말을 곁들였다.
왠지 이번에는 눈시울이 뜨거워졌다.
우정 어린 축의금 때문에.

제2부

삶이 있는 글

기분 나쁜 날일수록 참으세요

"기분 나쁜 날일수록 참으세요!"
잠깐~! 지금 순간을 참으면 머잖아 행운이 옵니다.
잠깐만 참으세요. 기분 나쁜 날일수록 참으세요.

모든 사건은 사소한 이유에서 시작됩니다.
기분이 나쁘더라도 그 순간을 참으신다면
큰 불행을 막을 수 있습니다.

모든 사건의 순간들은 참지 못한 짧은 순간에
벌어집니다. 조금만 참았더라면…….
참지 못한 모두가 그런 후회를 하고 있습니다.

오늘 지금 이 순간 기분이 나쁘다 해도 참으세요.
그리고 훗날 생각해보면 무릎을 치며 자기의
행동이 잘했다고 감탄을 하게 됩니다.

세상 살면서 조금 양보하고 살면 그것은
절대 손해가 아닙니다. 정말 참을 수 있을 때까지 참는 습관을
가지도록 노력하세요. 그것이 당신의 행복입니다.

당신이 참은 후의 대가가 얼마나 값진 것인가를
훗날 스스로 느끼게 될 것입니다. 많은 사람들이
그것을 지키지 못해 고생고생하며 살고 있습니다.

귀밑머리 하얀 것 뉘라서 뭐라 하던가?

귀밑머리 하얀 것 난 것을 자넨들 어쩔 수 없지!
양귀비로 물들인 것 말고 뭘 하겠는가?
그립다 그리움의 강물도 줄어가고……

내가 자네가 안다는 것
아름다움 말고 또 있다던가?
운동 경기에서는 3등까지 상을 준다는데……

낸들 그 상을 한 번도 타본 적이 없는데
아들 키우면서 못난 놈 되지 마라, 박수친 놈 되지 마라!
그 아들 박수 안 쳤다고 큰소리치더니 박수 받는 놈 되었고

그래도 나 못난 놈이
자네들 소식일까 아침 메일 열어보고 확인되면
마음 흐뭇 미확인 며칠이면 궁금증에……
알고 싶어! 알고 싶네!

살아가면서,
서로가 서로의 안부 전하고 묻는다는 것 좋은 일 하나일까?
할 수 있는 일 좋은 생각해서 혼자 미소 지어보시게나.

어이 어이
귀밑머리 하얀 것 그 누가 아니라고 할 건가.
가다가 잘난 놈 만나거든 꼭 이 말 한번 물어보시게

잘난 놈 귀밑머리는 하얗게 변하지 않는 거여~!

어느 중년의 고민

겁이 더럭 나는 중년이 넘어가는 나이가 되면
자신을 돌아보게 된다. 앞으로 닥칠 걱정 고민이 된다.
산다는 것에 비전이 없다는 생각이 들 때
겁이 더럭 나게 된다. 그리고 심한 고민에 빠진다.

예전엔 큰소리치며 살던 사람들도 중년이 넘으면
기가 죽어버린다. 걱정이 앞서기 때문이다.
그리고 살아온 지난날들이 후회스러워진다.
생활비를 줄여서라도 저축을 많이 해둘 걸…….

젊어선 부모유산으로 걱정 없이 잘살았다.
회사 차려 사장도 해보고 아이들 공부 잘해
특수 과외도 시켜보고 남에게 뒤떨어지지
않게 아이들 유학연수 뒷바라지도 해줬다.

큰아들 올해 서른다섯을 넘기고 예술을 한다고
직장을 가질 생각도, 장가갈 생각도 없이 나팔
하나들고 부모에게 용돈까지!
둘째 놈 공부 잘한다는 칭찬받고 명문대 나왔다는 긍지로 부모나
본인이나 몇 년 걱정 없이 자랑스럽게 살았다.

"출세는 시간문제야!"
으흠~ 공부를 잘하니까.

그런데 서른이 넘도록 고시문이 닫혀버렸다.
자랑으로 살아온 부모 나이 환갑 넘어 육십이 세
그러다보니 저금을 해둔 돈이 바닥이 보인다.
바닥을 보인 예금통장 달랑, 32평 아파트!

큰아들은 틀리고 작은 아들도 틀리는 것 같고
부모의 마음 갑자기 겁이 더럭 난다.

앞으로 어떻게 살고 나이 들어 취업도 안 되고
지금껏 생각했던 행복감이 순간에 불안감으로
바뀌어버린다.

"어떻게 되겠지?"하는 걱정도 지금껏 해본 적이 없다.
"아들들이 영리해서 공부 잘하니 자넨 걱정이 없어!"
친구들 말이 새삼 귀에 맴돈다.

그래 걱정 없이 출세할 것을 확신했었지!
검사는 떼놓은 당상이라 아는 이는 모두 말했는데…….

두 아들 장래 걱정이 문제가 아니라 나이만
들어가는 당장 두 내외의 생활이 큰 걱정이다.
이 생각 저 생각해봐도 좋은 생각이 없다.

뜬눈으로 밤을 샌 부부는 갑자기 겁이 나면서 걱정이 태산이다.
어떻게 해야 할꼬?

아버지는 공원 벤치에서 사랑을
나누는 젊은이들을 볼 때마다 한숨이 나온다.
우리 아들놈들은 직장이 있어야 장가갈 꿈도 꾸지!
경제가 어렵다, 실업률이 높아간다.
아무리 봐도 걱정이 배가될 뿐이다.

직장이 있어야 취직이 되지!

아침부터 저녁까지 아들놈 취직 걱정
지금까지만 해도 나이 먹은 사람은 아파트 경비
자리는 얻을 수 있었는데 최저임금제를
적용한다고 영리한 사람들이 CCTV 설치를 해서
아파트 경비원 수를 줄인다고들 하니 당장 아파트
경비 일자리라도 구해봐야겠다는 생각이다.

어제 친구에게서 어디 일자리 없겠느냐고 물어봤다.
친구도 한참이나 전화에 걱정 타령을 한다.
나도 모르게 "자네는 괜찮아! 아이들이 똑똑하지 않은가?"
이런 답변을 해줬다.

그런데 친구에게 한 말이 내가 할 말은 아니라는 생각이 들었다.

삶의 생각

가] 한 번 참으면 열 번이 행복한 법이다.

나] 탐닉하는 것(돈, 명예 그리고 이성)은 패가망신의 근원이다.

다] 생활의 금기 사항(흡연, 음주, 도락)을 지키지 못할 때는
훗날 반드시 뼈아픈 대가를 치르게 된다.

라] 젊어 배운 기술 훗날 크게 쓸 수 있다.

마] 모난 행동을 하지 마라! 그것은 훗날 치명적인 경력이 된다.

바] 말 한자리 값은 천 냥과 같다고 한다. 그 귀한 말을 함부로 하지 마라.

사] 말조심은 확실히 자신을 지키는 가장 좋은 방법이다.

아] 자신의 주제도 몰라 날뛰는 모습은 남이 보기에 정말 꼴불견이다.

자] 내 욕심을 위해 부정한 짓을 하면 누군가가 그 짓을 반드시 고발하게 된다.

차] 험한 이웃은 멀리 할수록 해가 없는 법. 근묵자흑이란 금언을 잊지 말아야.

카] 생각을 하면서 살아라!
생각 없이 산다는 것은 짐승이 사는 것과 무엇이 다를까?

타] 삶의 어려움을 아는 것은 삶을 편안하게 하는 법이다.

"누가 당신에게 묻거든"

가까운 이웃 누군가가 당신에게 묻거든
결정되어버린 일이면,
"아니다!"라는 말보다 "좋은 생각인데!"
이렇게 하면 어떨까?

방법을 강요 말고 좋은 생각을 제시해준다면
그 사람 힘 얻어 열심히 일할 것이고
"그 일 잘못 됐어. 새로 해요" 한다면
그 사람 혼란에 빠져 말도 더듬거린다.

애써 만난 인연의 배우자를 소개하면
무조건 장점을 찾아 칭찬해라.
이미 엎질러진 물인데 아니라고 말한다면
그 사람 정신없이 감정만 앞세운다.

사람은 누구나 부족한 부분이 있는데
귀 기울이고 생각하고 반성을 해보면
나는 내가 아니고, 내가 나 아니니 생각되면
남을 위해 일과 말을 할 줄 알게 된다.

좋은 이야기에 아름다운 거짓말은 용기를 준다고

누가 이미 물건을 산 뒤에
이것이 좋은가 아닌가를 물어 올 때는,
그것이 보기에 좋지 않더라도 괜찮다고 해라.

친구가 결혼을 했을 때,
반드시 그 부인을 "미인이군"이라며
거짓말을 하고 행복하게 살기를 축복해줘라!

누가 당신에게 묻거든 희망찬 이야기를……
그것이 거짓말이라 할지라도
그것은 거짓말이 아니라 최면의 묘약이니
희망과 행복을 주는 것과 같은 것이려니

얼마 남지 않는 환자의 생을
의사가 치료를 잘하면 한 오 년은 살 것이요!
환자의 눈에는 그 말이 미심쩍으면서도
생기가 돌고 있다는 사실을 들으셨는지요?

우리는 우리를 위해야 하고
내 가족은 내가 힘을 줘야 하는 것
"당신이 할 줄 아는 것 무어 있소? 당신 정말 바보요!"
당신은 행여 그런 말을 두고 쓰며 살고 있지 않는지요?

누가 당신에게 묻거든
아름다운 생각으로 아름다운 이야기로
묻는 사람에게 힘과 희망을
누가 당신에게 묻거든
하지만 그 대답은 좋은 일이라고 생각될 때만입니다.

친구가 나더러 이렇게 살라고 하네

친구가 나더러 이렇게 세상을 살아가라고 메일을 보내 왔습니다.

"말을 많이 하지 말라"

밀을 많이 하다 보면 실수의 말과 필요 없는 말을 하게 된다.
귀는 들으라고 닫을 수 없이 항상 열려 있지만 입은 닫을 수 있게 돼 있다.
그래서 말실수는 자신이 책임을 져야 한다.
말을 적게 하면서 생각을 섞어서 말을 해라!

"웃는 법도 위기를 모면할 수 있다"

세상을 살다 보면 말하기 곤란할 때가 있게 된다.
그때 상대방이 기분 나쁘지 않게 웃는 법을 연습해둬라.
허허, 그래! 뜻밖의 어려움을 피할 수 있다.

"화를 내지 마라"

화는 결국 먼저 내는 사람이 사과를 하게 돼 있다.
큰소리치고 화내는 사람은 뒷수습하느라 불리한 입장이 된다.
속담에 "방귀 뀐 놈이 성질낸다."고 했다.

"웃는 얼굴을 가져라"

속담에 "웃는 얼굴에 침을 못 뱉는다."는 말이 있다.
웃는 얼굴은 상대에게 좋은 인상을 주게 되는 것이다.
항상 웃는 얼굴을 연습해둬라!

"미안합니다, 죄송합니다는 말을 아끼지 말라"

"미안합니다","죄송합니다"라는 말을 적절하게 사용하면
다툼과 갈등을 막을 수 있는 묘약이다.

"말하기보다 듣는 쪽을 즐겨라"

필요한 말은 해야 하지만
사람들과 대화하는 중에 듣기를 많이 하면
실수도 적을 것이며 듣기를 하는 중에 상대의 말 속에서 좋은
지식도 얻을 수 있는 법이다.

"욕과 흉은 하지 말라"

욕과 흉은 발이 달려 있어 천리를 간다.
한번 해버린 '욕'과 '흉'은 다시는 담을 수 없다.
그리고 욕과 흉은 남에게 큰 상처를 준다는 사실을 잊지 말라.

"목소리는 낮추는 게 좋다"

목소리 큰 사람이 이기는 시대는 지나갔다.
목소리 큰 사람은 천연덕스럽게 보이게 된다.
매사에 자신이 없는 사람이 큰소리를 지르게 된다.

"가정의 화평이 중요하다"

요즘처럼 이혼이 많아진 시대!
가정의 화평이 중요하다. 사람이 산다는 것 절반 이상이
가족과 함께 사는 것인데 가정의 화평이 없다면
그 인생 절반 이상을 고통 속에 사는 것과 같은 것이다.
가족 간의 사랑, 행복 그것이 자신의 행복인 것이다.

“이익이 없는 토론에 젊은이를 이기려 하지 말라”

젊은이에게는 기백이 넘친다.
이익도 없는 일에 젊은이와 토론을 하다 보면
자칫 말싸움으로 번질 수 있다.
젊은이는 절대 토론에서 지고도 기백이 있어
수긍하려 들지 않는다.
어쩌다 젊은이를 토론에서 이겼다 해도
그 젊은이는 “저 늙은이! 아집쟁이”라고 평한다.
젊은 사람들에게 “아집쟁이 늙은이”란 소리를 듣고 싶거든
젊은이를 이겨라.

“나이 드는 것을 부정하지 말라”

젊게 사는 것은 물론 좋은 것이다.
그러나 성형수술로 젊게 하는 속임수도 나이 들면 숨길 수 없는 법!
많이 속여 성형한 얼굴은 나이가 들면
감당할 수 없이 변형이 일어난다.
나이가 든 후에 순수한 사람은 후덕스럽게 보이지만
성형으로 감춘 얼굴은
천박스럽게 보인다는 사실을 잊지 말아라.

효자 사위는 있어도 효자 아들은 없다

노인들이 두고 쓰는 말
오월 가정의 달에 이 글을 생각해보시면
이 글은 어디까지나 해학 글이니 따지지 마시오!

이게 웬 말이여?
생각을 해봐요!
사위에게 일 시키면 "예! 아버님"
아들에게 일 시키면 "아버지 나 바빠요!"

이런 얘기 안 들어봤수!!
지금 이 이야기를 우리가 하고 있소이다.
젊은이들의 생각이 놀랍도록 변했다.

부모 재산은 곧 자기들 몫이라는 것엔
이의가 없다. 아무런 이유가 없다.
장남은 몫이 크다고 생각하고
젊은이들은!!
부모 몫이니 부모가 노후준비를

해줘야 한다고 강력히 생각을 한다.
노후 준비 안 된 노인들에게 책임을 물어보면
자식들 키우다 보니 노후 몫이 없다고들 하는데

아들은!!
그래도 부모를 모시려고는 하지만
멋대로 배움 없이 자란 며느리가 문제란다.
책임문제 거론하며 잘잘못을 따진다.
아들놈 며느리에게 멱살 잡힌 지 오래되고
(어디까지나 이 생각은 부모 생각이란다)

힘없는 노인은!!
후회의 눈물 흘려봐도
그게 자기 몫으로 된 걸 어떻게 하나?

무자식이 상팔자라고
젊은이들
눈치는 빨라 그래서 애 안 낳는 것이여

이것이 현실에 불릴 인생 〈노후가〉라면
노래 못한 내가 불러도 대히트할 거여!

지금 현대사회가 이렇게 경색되어가고 있습니다.
동물 본능으로 가고 있는 것인지?
대개가 다 그런 것은 아니지만 대개가 그렇다고 합니다.

딸 많이 가진 귀통 영감, 그래서 자네들이 부럽네!
한잔 사시게~! 하~!

사실 이런 자식들 얼마 안 된다네!
얼마 안 되긴…… 많아 아주 많아!

많이 배운 놈이 더해. 유학 갔다 온 놈이 더 따져.
안 그래요. 사람 따라 달라. 유학 다녀와서 잘하는 놈 많아

세 노인이 술 한 잔 하면서 그냥 하는 이야기
시대가 바뀐 걸 누가 뭐란담. 다 자승자박이제!

이 이야기를 젊은 사람들이 듣는다면 한 마디씩 다 할 걸세
"뭘 해두었다고 큰 소리람."

아버지와 아들의 100분 토론

토론 주제!
우리 가정의 경제

아버지 주 무기!
인생사 경험

아들 주 무기!
대학원 학벌, 세계 석학들 논문 숙지

토론 내용!
우리 가족이 잘살아가려면?

아들 주장
세계 경제가 잘되려면 미국의 소비가
살아나야 하고 우리나라 경제가 잘되려면
우리가 소비를 해야 합니다.

아버지 주장
어려울수록 절약하고 아껴야 남는 법이여!
적은 수입이라도 절약에 따라
훗날 재산이 남는 게 있으니 절약해서 살아야 한다!

아들 반론
그런 생각은 구세대 유물이라니까요
경제가 살아야 살기 편해요!

아버지 반론
경제가 좋아진다고 수입 적은 사람이
수입이 늘어난다더냐?
아무 소리 말고 절약해서 저축해야 한다.

아들 반론
아버지~! 정말 답답하십니다.

아버지 결정타 반론
대학원 나온 사람이
고등학교 겨우 나온 애비 이겨 가지고 무슨 덕 볼 일이 있어?

그렇게 경제 잘 아는 사람이 집 한 채도 못 사서
이 애비가 사줘야 했나

듣고 있던 어머니 강평
아버지 말씀이 맞아. 남는 것이 있어야 장사도 성공한 법이여!
많이 벌지도 못하면서 무슨 소비 어쩌고 해!
"유비무환" "있을 때 잘해~!"
노래도 못 들었냐? 아들을 다그칩니다.

어머니 결론 강평
결론적으로 절약해서 아들 집을 사준
아버지 경제 이론이 맞는다고

아들 패색 짙은 항변
그것은 실물 경제고
경제 이론은 제 말이 맞는다니까요!

어머니는 배웠다고 실물 경제 어쩌고 하는 아들이
기가 죽은 것 같아 어머니가 한자리 하신 말씀!
그래도 많이 배운 아들 말이 맞을 거여~!
못 배운 영감 말이 맞겠어?
아들 말이 맞아, 맞을 거여!

어느새 어머니는 아들 편이다.

모임에서 조심해야 할 말

항상 주의하라는 말
모임에 가거든 조심해야 할 것은

정치 이야기하지 말라, 돈 자랑하지 말라
또 또 또 종교 이야기하지 말라

아내가 모임에 갈 때마다 당부한 말이다.
술 한 잔 하면 나오기 쉬운 말이란다.

항상 조심하지
그래서 나는 오늘 조심을 무지하게 했는데

처음 모임 분위기는 화기애애했다.
술잔이 돌고 술에 취하고 홍에 취하고

시기가 선거철 뒤처리라
정치 이야기를 누가 먼저 꺼냈는지!

신나게 얘기를 하더니 술기운 탓인지
친구 하나가 다른 친구에게 한마디 한다.

너 같은 종자들이 있으니 선거판이 그 꼴이지
뼈 있는 한마디에 "뭐, 종자?" 다그치는 대답

주먹까지 오가고 말았다.
겨우 말려 화해를 시켰는데

다른 친구가 한 말씀 거든다.
이 사람들아 원수를 사랑하라고 했잖아, 참게 참아!

뭐? 그럼 이 자식하고 나하고 원수란 말이여?
말은 듣기에 따라 다르다. 술 취한 놈이 소리를 지른다.

말을 한 친구가 멋쩍어하는데
너 같은 놈이 종교를 믿고 있으니 종교가 그렇다고

심한 말을 해댄다. 아무리 술이 취했더라도
참고 듣기만 하던 친구가 하는 이야기

너 자식 돈 좀 있다고 보이는 게 없나?
뭐야? 니가 나에게 돈 보태준 거 있어?

모임은 난장판이 되어 오랜만에 만난 친구 모임이
분위기 험악한 싸움터 같이 변했다.

겨우겨우 술 취한 놈들을 추슬러 택시 태워
집으로 보내고 나니 남은 친구들 허탈해한다

정치 이야기 종교 이야기 돈 이야기
다 좋은 이야긴데 싸우게 되는 건 욕심 때문인가?

술 취한 놈들이 민감해져서 그러는 것인지.
한 풀이라서 그러는 것인지.

역시 인간은 인간인 모양이여!
누가 말했지.
"인간아 인간아, 왜 사니?"

내가 누구인가를 아는 사람

친구도
내 주머니에 술값이 있을 때 친구지!

선후배, 이웃 친척도
힘깨나 있어 설치고 다닐 때 있다는 걸 알고 있지!

그럴 줄 몰랐다고 푸념을 해본들
혼자 속상해하는 일 이제 그 맘 누가 알아줄 리 없지!

세상사가 그럴 줄을 짐작해야지!

내 주머니 든든하니 술이나 한잔하세!
그래야 믿음 있어 내 술잔 받아주지.

나 돈 생기면 한잔 살게. 오늘 자네가 한잔 사소!
나 오늘 바쁘네. 다음에 만나세.

시간이 없다, 바쁘다 핑계 대는 걸
내 어찌 모르겠는가.

인생 살다 보면
남는 건 세상사 눈치뿐이라는 것
자넨들 모를 리야 없겠지.

인생사 모두가 부질없는 것
탓하고 후회한들 무슨 소용이 있다던가.

살아갈 날은 살아온 날보다 세배나 짧다는 걸
알고 또 알지만

이 사람아, 이 친구야!
나는 세상의 인연 끈을 이렇게 놓지 못하고

오늘 기다리다가 내일이면
어제 탓을 수없이 하지만

사람들은 이렇게 말을 하던데
어리석은 인생사란 걸 갈 때는 알게 된다고

사람은 세상에 올 때

주먹 쥐고 온다는 것
험한 세상 살 것이 힘들다는 것 미리 알고 결심의 표시라고

떠날 때 손 쫙 펴는 것은
어쩔 수 없으니 알아서 하란다고

친구야
내 잔소리 이 술잔 받으시고 잊으시게나!

천하를 호령하던 영웅호걸도
세월 앞에 별 수 있다던가?

사람을 사귄다는 것

(이 이야기는 우리 자녀들에게도 좋은 명약이 됩니다)

사람을 사귈 때 정말 고민을 해야 합니다.
그것은 우리가 음식을 먹을 때 불량식품을
가리는 것과 같은 이치입니다.
해 되는 음식은 몸을 해 되게 하는 것이고
해 되는 친구는 자신을 해하는 것과 같은 이치가 아닐까요?

나에게 남의 흉을 보는 사람은
남에게도 내 흉을 볼 수 있는 사람입니다.
정말 조심해야 합니다.
대개 그런 부류의 사람들은 대화 중에 자기가 한 말은
기가 막히게 빼고 내가 한 말은 부풀려 남에게 전한다는
사실을 세상 살면서 알게 될 것입니다.
말조심은 외부로부터 오는 화를 막는
방편이란 것을 명심해야 합니다.

쏟아버린 물
쏘아버린 화살
한번 입 밖으로 나온 말

그것은 다시는 담을 수도 없고
잡을 수도 없고
돌이킬 수도 없는 것입니다.

책임질 수 없는 말, 행동, 일들을 하는
사람들과 함께 사귀게 되는 경우에
그것은 훗날 고통으로 남게 된다는
사실을 명심해야 합니다.
이것이 우리가 사는 세상의 평범한 이야기입니다.

탓이란 말 함부로 쓰지 마시게

가난한 집에 태어난 사람들은 한때 또는 평생을 부모 탓을 한다.
왜 우리 부모는 나에게 재산이라곤 하나도 물려주지 않았느니

하지만 그것은 부모의 잘못이 아니다.
그런 소리를 듣고 사는 부모는
땅을 칠 정도로 억울한 것이다.
부모도 세상에 나와서 최선을 다해
나름대로 살아왔기 때문이다.

사실 이 세상사는 것은 자기 몫이다.
전쟁 중 적진에 투하된 병사가 살아나는 법은
자기의 몫이 아닌가?

절대 부모를 탓하지 말라.
듣는 부모님 정말 억울하기 짝이 없다.
여기 남의 탓을 하지 말라는 좋은 말이 있다.

지금 당신은 당신의 잘못 때문에
고생을 하고 사는 거야.
누구의 탓도 아니다.
세상은 생존경쟁에서 밀리면 도태된다는
사실을 잊어서는 안 된다.

여기 명언 같은 좋은 시가 있기에

"탓하지 마라"

세상 살면서 탓하지 말라!
그러면 삶이 편안하리라!

세상을 탓한들
세상이 그 탓을 해결해줄 리 없다.

자네 탓을 해본들
자네 또한 그 탓을 들어줄 리 없지.

모두들 네 탓, 세상 탓해 봐도
그 탓에 이유야 있겠지만

그 탓은 나를 떠나지 않는다.
그것 모두 내 생각 탓이니

험담 그리고 칭찬

우리가 사는 세상
험담 험담 험담 큰 덩어리가 되어 세상을 어렵게 합니다.
우리가 사는 세상
칭찬 칭찬 칭찬 작은 알맹이가 어려운 세상을 아름답게

험담을 하는 사람은 문제가 있는 사람이며
험담을 듣고 동조하는 사람은 조심할 사람이고
그 험담을 당사자에게 전하는 사람은 힘든 사람입니다.

험담을 하는 것보다 당사자에게 조언을 하고
대화를 하여 마음을 전하는 게 현명한 것입니다.
그러나 대개의 사람들은 험담을 즐거워합니다.

하지만 험담은 상대를 해하는 것과 같은 것이니
참아라! 꼭 참아라! 참지 못한다면 그 험담들이
큰 상처가 되어 당신 가슴에 오래도록 멍으로 남게 되는 법이니 차라리 허허 웃고 칭찬을 합시다.
칭찬은 나의 마음도 씻어가면서 멍까지 지워줍니다.
칭찬이 비록 과찬이 된다 해도 칭찬은 나에게 아무런 해가 되지 않는 법입니다.

험담 그리고 칭찬
글자는 두 글자!
당신의 가슴에 멍을 주고 멍 씻어주는 것
항상 생각을 하여야 합니다.

우리 인생 사는 것 긴 세월이 아닙니다.
모두들 가끔씩 이런 한탄 섞인 말을 합니다.
"아~! 세월 정말 잘 간다. 어느새 어느새"

"짧은 세월 속에 험담할 틈이 있나요?"라고

죄의 무게

"죄는 무게가 있어!"
무거운 것이 아니외다.
유명지간에 다짐을 받는 데서
내 죄가 한없이 무거웠던 것이외다.
"세상을 괜히 왔다 간다."라고 하신 스님의 말씀

죄의 무게가 정말 있을까?
사람들은 죄의 무게가 있다고 생각한다.

잘못의 차이를 죄의 무게라고 하는 듯싶은데
말만 잘해도 죄의 무게가 변하고
말 잘한 사람에게 돈을 주고 부탁을 해도
기가 막힌 언변술로 죄의 무게를 경감할 수 있고
죄의 무게는 시시때때로
때와 장소, 분위기에 따라 변하는 게 죄의 무게가 아니었나?

그래서 물건의 무게와 죄의 무게의 차이는
변하지 않는 게 물건의 무게요 변하는 게 죄의 무게라
물건의 무게는 신의 손에 달려 변하지 않지만
죄의 무게는 사람 손 따라 변한다는 사실.

죄의 무게와 물건의 무게 다는 법이 결국엔
이 기막힌 현실 모두가 사람 손에 달렸소이다.
어느 무식한 사람이 하는 이야기 중에
비슷한 죄명을 가진 두 사건에 한 사건은 비용을 부담하고
변명할 사람을 구해 돈값대로 변명을 했는데
대가는 정상참작이라는 이유 붙여 죄의 무게가 가벼워지고
비용이 없어 그대로 죄 지은 대로 죄를 받으니
죄의 무게가 무거워졌다는 이야기는 무슨 이야긴지

세상사는 사람들 삶 속에
그러한 진리가 담겨 있다는 것 모르셨나요?
이것이 바로 죄의 무게가 아닐는지요.

인내, 그것은 아름다움

참는 것이 좋은 이유는 후회가 남지 않기 때문입니다.

세상은 자기 생각대로 살지 못합니다.
요즘 사람들 모두 다 똑똑한 사람들입니다.
쉽게 보면 성질대로 살아서는 안 된다는 것 아셔야 합니다.
지난번에 노인을 폭행한 배우가 한번만 참았다면
텔레비전에 나와 머리 숙이는 일은 없었을 것인데…….

인내(忍耐), 그것은 아름다움
인내라는 것
참는다는 것은 사람으로서 최고의 배움입니다.

한 번 참고
큰 숨 쉬고

두 번 참고
반성을 해보고

세 번 참고
결과를 보면

인내에 대한 답이 나와 있습니다.

세 번 인내하는 것

그것이 배움의 최고봉이란 것
깨닫게 될 것입니다.

이 말씀 기억해두십시오!
살다 보면 무릎 칠 날 반드시 있을 겁니다.

어려운 문제가 닥치면
일단은 참고 생각해보는 것이 우선입니다.

인내, 그 맛은 아름다움의 극치입니다.
참으세요, 꼭입니다.

참지 못한 그 사람 머리 숙여 사과는 하지만
성질 고약한 사람으로 세상 사람들에게 낙인찍히고

세상 일 이런 사소한 일로 인생을 걸어서야
어려운 상황 화가 나는 일이 있다면 눈 한번 감아보세요.

참는 것이 최선이란 것 그것은 후회를 만들지 않기 때문입니다.

"세상사 고민풀이"

세상사는 이치는 기기묘묘 절묘하지.
한 달이 크면 한 달이 작지.
겨울이 가면 반드시 봄이 오지.

험한 날 뒤에는 좋은 날이 오고
좋기만 한 날 끝엔 험한 날이 기다리지.
세상사는 이치가 다 그런 게 아닌가?

경제가 험한 후에 새 부자 생겨나고
경제가 흥한 뒤에 망한 부자 생기고
바닷물도 태풍이 윗물 아랫물 바꿔주지.

제왕이 왕자가 대군이
누가 그 팔자 알겠던가? 흥에 취해 하는 만행
훗날 들통 나서 옥살이를 하고

세상사는 이치 속엔
고민 걱정 기쁨 만족 뒤섞여 있으니
사람마다 노력해서 좋은 것만 골라서 사시게나.

세상 살아가는 동안에
행여 마음에 안 드시는 일이 있더라도
내가 먼저 참고 양보 한번 해보시면

그것이 진정 내 고민을 털어버리는 일이 아닐는지?
세상사는 것 고민 고민 덩어리 모두 다 하는 말
사건 저지른 사람들 후회하며 하는 말

모두가 이구동성 한 번 더 생각할 것을
한 번 더 참을 것을 참 나 잘못했네
생각 못하고 참지 못한 것 평생 고민이라고

자자, 세상사 고민을 한 곳에 모아
풀어 보세 풀어 보세 풀어 봐요!
세상사 고민 훠이훠이 띄워 날려버리세!

저 소리가 내 마음의 소리였으면 좋겠습니다

새벽이슬 길에 산골짜기 졸졸 흐르는 물소리가
내가 하는 소리였으면 정말로 좋겠습니다.

새벽안개 낀 바닷가 멀리서 들려오는 파도소리가
내가 하는 소리였으면 정말로 좋겠습니다.

하루 일상을 살아가면서 생각하며 내는 목소리는
왜 그렇게 투박한 소리를 내는 찢어진 북소리 같은지.

밤낮 찌든 삶이라 살아가는 순간순간 소리가
왜 그렇게 투박한 정나미 없는 소린지?

한밤이 지나도록 내내 왜 그런 소리를 내며 사는지
가벼운 한숨 속에 반의 책임을 상대에게 돌려본다.

세상을 이해하고 사람들을 알아보고 내 처지를 안다면
정녕 내 소리도 찢어진 북소리 뚝보가 내는 소리는 아닐 텐데

산골짜기 흐르는 물소리 바닷가 파도소리를 닮지 못한 것은
그것은 바로 내가 사는 세상 사람들과 같기 때문일까?

여보시게, 자연의 소리를 닮고 싶거든 닮아보고 싶다면
지금 당신 심보도 손보고 마음속도 추슬러야 되는 게 아닌감?

심보 속에 그리 많은 욕심이 담겨 있는지 욕하고 꾀뿐이네!
그것 평생 살도록 모른다고 하더니 말이 정말인가?

그런 내 심보로 어찌 자연 닮은 산골 물소리 바닷가 파도소리를
닮을 수도 없고 닮아갈 수도 없지!

심보도 고치고 꾀주머니도 털어버리고 훨훨 털고 나와
저 자연의 소리를 닮은 내 소리가 되었으면 좋겠습니다.

백 명의 좋은 이웃보다 한 명의 적이 없어야

세상 살면서 어찌 나를 싫어하고 질시하는 사람이 없겠습니까?

내가 잘 나가도 못 나가도 질시하거나 질타하는 이웃은 있게 돼 있습니다.

그 문제를 잘 헤아리는 지혜가 그 사람의 인생의 길을 결정해주는 지표인 것입니다.

사람들의 심보는 대개 남을 칭찬하는 쪽보다 남을 흉보는 쪽으로 치우쳐 있습니다.

그 치우쳐 있는 것을 바르게 세우는 것이 교육이요 수련이며 자기 성찰인 것입니다.

그 모든 수단들이 자기에게 도전하는 적을 없애는 좋은 방법입니다.

그래서 옛말에 이렇게들 말하지요.
백 명의 친구가 있는 것보다
한 명의 적이 무섭다고 했습니다.

맞는 말입니다.

백 명의 친구가 나를 위해준다 해도
마지막 한 명의 적이 나를 무너뜨리기에 충분한 것입니다.

그래서 세상사는 것 뒤돌아보라는 것입니다.

지금 내가 강하고 세다고 보잘것없는 사람들 무시했다간
어느 세월에 내 앞에 강한 사람이 서 있게 된다는 것
그것은 정말 거짓 없는 현실이랍니다.

가진 힘이 절대 영원하지 않는다는 것.
수많은 세월과 수많은 사람들과 사연들이
그렇게들 말하고 있답니다.

바쁜 당신도 오늘 하루 행여 매듭이
만들어진 부분이 있다면
내일 반드시 풀고 가십시오.

그것은 오래도록 풀리지 않는 매듭이 되어
훗날 아주 풀기 힘든 매듭으로 되어 있습니다.

그것을 꼭 잊지 마십시오!
자신을 위해서 말입니다.
베푸는 것이 이기는 길입니다.

아름다운 사람

한 발짝씩 뒤로 물러설 줄 아는 사람
약속을 지키는 사람

고민을 할 줄 아는 사람

노력과 지혜를 구별할 줄 아는 사람
땀을 흘릴 줄 아는 사람

사랑의 시련에
눈물을 흘릴 줄 아는 사람

고난이 닥쳤을 때
낙담 대신에 희망을 말할 수 있는 사람

세상사 모든 일은 고개가 있는 법

고개 너머에 희망이 있는 것이
세상사는 이치라는 사실을 아는 사람

그 사람이 당신, 바로 당신이야!

술주정뱅이 아내로 산다는 것

친구가 얼마 전에 죽었다.
상가에 조문을 갔을 때 술 때문에
가족들을 무진장하게 괴롭히면서 살다가
술 때문에 죽었다고 했다.
그렇게 술을 마셔대니 건강이 나빠질 수밖에 없었다.

친구의 아내는 너무나 착해
남편 술주정 고생 속에 평생을 살면서
몇 번이나 보따리를 싸려다가
아이들 둘 때문에 지금껏 살아왔다는 것이다.

그 고생을 소설로 쓴다면 책으로 3권은 될 것이라 했다.

그 친구 술만 취하면 하는 행동이
술값 먼저 내기……
다른 사람이 술값을 내면 소리소리 지르면서 가로막았고……
술만 취하면 여자들에게 농담을 즐겨 하다가
몇 번 파출소에 붙들려가 아내가 손이 발이 되게 빌고

상대 여자에게 양해를 구하고
파출소 소장님의 훈시는
아주머니를 봐서 훈방한다고……

아주머니는 남편이 죽어도 눈물 한 방울이 안 나온다고 했다.

그래도 그 친구 술 안 먹을 때는 묻는 말에도 대답도 안하고
일만 열심히 한 탓에 직장에서는 그래도 인정을 받아
쫓겨나지는 않았지만……
일 년에 몇 십 차례 술 마시고 주정 부리는 것……
식구들은 고통이었다고 했다.
짐작이 간다.

젊어서는 술 취해 파출소에서 난동을 부리다가
제압하는 경찰관이 뺨을 때렸다고 억지를 써서
누구누구가 내 친군데 누구들 모가지를 뗀다고
악을 쓰다가 벌금도 물고……

어떻든 술 때문에 친구 인생은 항상 천덕꾸러기였다.
착한 아내가 잘 참아줘서 이혼이란 것을 하지 않고
자식들을 대학까지 보냈다고 했다

친구를 대신해서 친구의 아내에게 머리 숙여 고맙다고 했다.

어제 뉴스에 난 이야기지만

주정꾼들 때문에
일 년에 국가 예산 440억 원이 소요된다고 한다.

주정을 유형별로 보면
당신도 술 마시면 해당되는지 짚어보십시오!!

▷술만 마시면 자기 자랑을 침이 마르도록 하지 않는지?
▷술만 마시면 오늘 술값은 내가 쏜다! 호기는 안 부리는지?
▷술만 먹으면 여자들이 다 제 아내처럼 안 보이는지?
▷술만 마시면 권투선수는 안 되는지?
▷술만 마시면 회장님과 친구 사이라고 허풍은 안 떠는지?
▷술만 마시면 가수왕은 안 되는지?
▷술만 마시면 염라대왕쯤이야 동창생 취급은 안하는지?
▷술만 마시면 전화로 친구들 집집마다 전화질은 안하는지?
▷술 마시고 실수하고 술 깬 후에 기억이 안 난다고 오리발은 안 내미는지?
▷술이 취해 저지른 일, 술 깬 후 잘못을 사죄할 때 그 죄를 술에게 있다고 하지는 않는지?

술 취한 사람은 과연 왕일까?

술 취한 사람은 황야의 무법자일까?

술 마시고 실수하는 유형은 수십 가지라고 하는데,
술 마신 당신의 모습이 어떤 모습인지 생각을 해보시고,
반성도 해보시고 "나는 아니다"라고
자신 있게 말씀하실 수 있으신지.

오늘 뉴스에도 취객이 야간 파출소를 점령해버렸다는 기사가
"왜? 대한민국 파출소는 취객들에게 점령됐을까?"라고
실려 있습니다.
술은 당신의 건강과 당신의 가족에게 걱정을 준다는 것

왜 술 마시는 당신만이 이 사실을 모르는 것인지.

막말은 절망의 끝이다

막말로 잃은 신뢰는 평생에 지워지지 않는 상처로 남는다.
막말은 절망의 끝. 그래서 막말은 참아야 한다.

할아버지는 말씀하십니다.
사람이 오늘 하루만 살 것이 아닌데,
막말을 하고 살고 있다고 걱정을 하신다.

세상인심이 그 막말 때문에 각박해지고 있다.
도대체 어쩌려고 내일 일을 생각하지 못하고
우선 보이는 것만 가지고 막말을 하려고 야단이니……
모두 오늘만 살고 말 것처럼, 내일은 없는 것처럼
막말을 해서 세상일을 해결하려고 하니!

막말이 무엇이냐고요?

막말 속엔 상대에게 최후통첩의 메시지가 담겨 있는데
막말 후엔 설령 서로가 화해가 되었다고 하지만
마음속엔 지워지지 않을 앙금이 가슴 깊이 자리를 잡는다.

그래서 할아버지 삶의 경험으로
막말한 사람은 신의를 저버린 사람이니
살면서 깊은 거래를 해서는 절대 안 된다고 하신다.
부부도 서로를 이해하지 못해 막말을 퍼부어대다가

이혼을 하고 평생 원수로 남는다는 것이다

막말로 헤어진 부부는 설혹 화해로 재결합을
한다고 해도 앙금 진 막말 때문에 서로를
경계하고 평생을 살게 된다는 것이다

하루만 살 것이 아닌데 막말을 해서는 안 된다.
할아버지 말씀하십니다.
손자 손녀들에게 매일 매일

아들 며느리 들으라고 큰소리로 말씀하신다.

살면서 아무리 화난 일이 있더라도 막말은 하지 말라.
막말 뒤에는 후회가 반드시 따르게 된다는 것 잊지 말고
살아가는 우리 모두들 한 번쯤 생각해야 할 막말.
할아버지 인생 삶의 경험이라고 하십니다.
막말은 후회를 만드는 최후의 말이기 때문이다.

쏘아버린 화살
땅에 쏟아버린 물
입 밖으로 튀어 나간 말 한자리
다시는 원상회복이 안 되는 것이다

화가 난다고 남에게 함부로 욕하고 험담하는 말
원상회복이 불가능한 말이라는 것 꼭 기억해야 한다.

사랑에 비가 내려도

고르고 또 골라서 결혼을 하고서
마음에 안 든다고 성격이 안 맞는다고 이혼을 하면
그게 그건데
무슨 이혼 짧은 인생 한번 더 생각을 해보시게

이혼 재혼 그리고 이혼
어지간하면 그대로 살게
어쩔 수 없으면 몰라도 어지간하면 그냥 살게
재혼이 초혼만 하겠는가?

어지간하면 그대로 사시게!
다시 만난 그 사람도 천사일 순 없고 그도 사람이여
어지간하면 자식 체면도 생각하고 그대로 사시게
복 없는 사람은 재혼을 해도 그 복이 그 복이여!

이혼하려는 부부에게 마지막 권해주는 친지의
고언입니다. 어지간하면 참고 사시게
그 사람이 그 사람인 걸
어디 천사가 자넬 기다려 준다던가?

살다 보면 내말이 맞는다고 생각될 것이네……
재혼이 초혼보다 낫다는 보장이 없는 게 아닌가?
한번 이해하면 이혼 안 해도 살겠는 걸?
이웃이 권한 말이다.

이혼해서 재혼한다고 해도 자식새끼 눈에 밟혀
행복이 행복이 아니라고 하던데!
어지간하면 참아보시게
자네 행복이 어데서 자넬 기다리고 있다던가.

이혼의 설움을 경험해본 어느 사람의 한탄소리다.
남의 말도 들을 때는 들어야 한다는 속담도 있다.
못 이기는 체하고 한번쯤 참아보시게나!
이혼이 해방은 아니여! 해방이 아니여!

만나는 사람들 대개가 겉모습만 보고 따지는데
깊은 속을 알고 나면 그 누가 이혼을 하겠는가?
한번 참고 지난 훗날 생각을 하면
그때 그 고비 잘 넘겼다고 무릎을 칠 걸세.

무릎을 치는 사람 많다는 걸!
우리 주위에서 자주 본다는 것 잊지 마시게
이혼한다고 행복이 온다던가?
고르고 고른 결혼이었는데.

매듭이 있으면 풀고 가세요

매듭이 있다면 풀고 가세요.

〈원제: 백 명의 친구보다 한 사람의 적이 없어야〉

세상 살면서 어찌 나를 싫어하고
질시하는 사람이 없겠습니까?
내가 잘 나가든 못 나가든
질시하거나 질타하는 이웃은 있습니다.

그 문제를 잘 헤아리는 지혜가
그 사람의 인생의 길을
결정해주는 지표인 것입니다.

사람들의 심성은 대개
남을 칭찬하는 쪽보다
남을 흉보는 쪽으로 치우쳐 있습니다.

그 치우쳐 있는 것을 바르게
세우는 것이 교육이요, 수련이며
자기 성찰인 것입니다.

그 모든 수단들이 자기에게 도전하는
적을 없애는 좋은 방법입니다.
그래서 옛말에 이렇게들 말하지요.

백 명의 친구가 있는 것보다 한 명의 적이
무섭다고 했습니다.
맞는 말입니다.

백 명의 친구가 나를 위해준다 해도
마지막 한 명의 적이
나를 무너뜨리기엔 충분한 것입니다.
그래서 세상사는 것을 되돌아보라는 것입니다.

지금 내가 강하고 세다고
보잘것없는 사람들 무시했다간
언젠가는 내 앞에 강한 사람이
서 있게 된다는 것
그것은 거짓 없는 현실입니다.

올 한 해 어쩌다가 행여 매듭이 만들어진
부분이 있다면 반드시 풀고 가십시오.

오래도록 풀지 않고 있으면
훗날 아주 풀기 힘든 매듭이 될 수 있습니다.

살기 좋은 곳은 집값이 싼 법일세

이 말의 뜻을 풀지 못한 산골 노인

'살기 좋은 곳은 집값이 싼 법일세'라는 말의 뜻.

산골 계곡으로 도회지 사람들이 야유회를 왔습니다.
맑은 계곡물에 발을 담그고 새소리 노래 삼으니
산모롱이에 지나는 구름까지도 한 폭의 동양화라
그래서 그들은 말했습니다. 별유천지로구나!

그 마을 사신다는 노인이 계곡을 지났습니다.

일행 중 한 사람이 "할아버지 이곳에 사십니까?"
"네! 이 마을에 삽니다."
"영감님, 참 좋은 곳에 사십니다."
"부럽습니다."
그 말에 노인은 기분이 좋아졌습니다.

어데서 오셨습니까?

우리들은 서울 강남에서 왔습니다.
그곳은 공기도 탁하고 영~ 사람 살기 힘듭니다.
정말 이곳은 공기 맑고 물 맑고 사람 살기 좋습니다.
할아버지 행복하시겠습니다.

그날 밤 할아버지와 손자가 텔레비전 뉴스를 보았습니다.

아나운서는 서울 강남의 집값이 10억이라 했습니다.
할아버지는 귀를 의심했는지 손자에게 물었습니다.
서울 집값이 얼마래? 예, 할아버지 10억이랍니다.

손자의 말에 할아버지는 또 물었습니다.
우리 집은 얼마나 되느냐?
아마 천만 원은 될 겁니다.

할아버지는 아무래도 이상했습니다.
서울사람들이 살기 좋다는 곳
우리 집이 천만 원이면 백 배나 차이가 나는데

살기 나쁘다는 서울 집값이 우리 집보다 100배나 비싸다니
아무리 생각해도 서울 사람들이 거짓말을 한 것 같았습니다.
그런데 그 사람들 표정이 거짓말 같지는 않았는데!

아하! 살기 좋은 곳은 집값이 싸고 살기 험한 곳은 비싼 거로군!

할아버지의 의문점은 겨우 풀렸습니다.
살기 좋은 곳은 집값이 싸니까 좋은 곳이고
살기 힘든 곳은 집값이 비싸니까 나쁜 곳이고
그래도 할아버지는 뭔가 마음에 걸린 것 같았습니다.

살기 좋은 곳은 집값이 싼 법이라는 말뜻을 풀 수 있는 사람은
누가 있을까 생각하면 생각할수록 아리송해지는 이 말
'살기 좋은 곳은 집값이 싼 법일세'라는 말.

어르신, 싸고 좋은 물건이란 말 못 들어보셨나요?
어르신이 사시는 산골 마을의 집은 싸고 좋은 곳일 겁니다.
경제학 전문가처럼 생기신 분이 하신 말씀입니다.

남을 이기려면 마음으로 이겨라

"남을 이기려면 마음으로 이겨라"

남을 이기려면 마음으로 이겨야 한다.
어려서부터 가정교육이 필요하다.
우리 문화 중에 아이를 키울 때 남의 애하고
싸워서 이겨야 한다는 용맹심으로 키운다.

이 작은 가정교육이 훗날에는 엄청난 사건을
만들고 만다. 힘으로 안 되면 무기를 사용하는
엄청난 잘못된 반항심을 심게 되는 것이다.
아이 키울 때 용맹심만 부추기는 교육은
결국 참을성 없는 어른으로 성장하게 되어
세상 사람들에게 큰 피해를 주는 인간이 된다.
어려서 자식 키울 때 인내심과 이해심 교육을
함께 시켜야 훗날이 걱정되지 않는 법이다.

다음 이야기를……

남에게 승리하고 싶으면 마음으로 이겨야 한다.
몸으로 이길 때는 큰 자국이 새겨진다.
상대에게 새겨진 자국은 평생 기억되는 것이다.

그것은 반드시 재앙을 의미하는 것이려니
남을 마음으로 이긴다면 상대는 스스로 깨닫게
된다는 것이다. 스스로 머리 숙인 상대는
나에게는 두 번은 도전하지 않는 법이다.
그래서 남을 이기고 싶으면 마음으로 이겨라.

남을 이긴다는 건 정말 어려운 일이다.
힘이 아니다. 재물도 아니고 달콤한 말도 아니다.
오직 헌신적인 노력과 수고여야 하는 것이다.
심신수련이란 말이 실감나는 대목이다.

집안 남편들! 마누라를 이기는 것도 마음으로 이겨야
가정의 평화가 있는 법. 힘으로 이겨봐라.
난리 난다. 난리 나. 남편도 물론 마음으로 이겨야
힘으로 이겼다간 신문에 난다. 신문에 톱뉴스 된다.

남을 이기고 싶다면 마음으로 이겨야 한다.
이 말 잊지 않고 세상을 산다면 큰 불행을 막을 수 있으니…….

제3부

행복이 있는 글

아버지와 아들

아버지 말씀

가난은 수치가 아니라는 명언이 있다. 수치가 아니지.

아들 대답

가난은 수치는 아니지만 명예는 더욱 아니라고 합니다.

아침식사 시간에 공직자 부조리 이야기가 화제가 됐다.

삼십 년 말단직에 근무만 하다가 퇴직한 아버지 말씀.

아버지 말씀

나는 십 원짜리 돈도 안 얻어먹었다 하시면서 대견스레 하신다.

그런데 식구들 반응은 시큰둥~

어머니 말씀(강력한 말씀이다)
못나서 그렇지.
그 시절 잘 먹었던(뇌물을 말한 것 같음) 사람들 사는 거 보세요.
당신 차 프라이드는 17년 차지만 영만이 집 아버지는 당신
연배 아니오. 삼십 년 전 이웃에 살 때 사는 게 우리와 같았지요.
지금 영만이 집 재산이 백억이 넘는대요. 차도 외제 차드만~

큰아들 말
아버지가 돈 생기는 자리에 근무를 안 해봐서 그래요.
돈 생기는 자리에 가면 누구나 돈을 먹게 된대요.
돈 그것 마다고 할 사람 세상엔 없어요.
어느 단체에 가보아도 이름만 성금이라 부쳐두고 돈 받고
정치인들도 정치자금이라고 이름 지어 돈 받고~
이때 작은아들 직격탄을 날리는 말
아버지가 못나서 그래요!
우리 친구들 아버지 월급에 손 안대고 집에 다 갖다준대요.
용돈은 벌어서 쓴다고 하대요.
어떻게 벌어 써? 재주껏 이라고 합니다.

어머니 대답
양심적으로 살아왔다고 자부했던 아버지
얼굴이 붉으락푸르락!
사실 모든 식구들의 말이 맞으니까 할 말이 없지. 못나서.
그래도 서운했다.
나름대로 고생고생을 했는데 아버지 생각이다.
고생한 것 알아주는 사람 아무도 없으니 억울한 마음이 드는데
할 수 없지.
세상이 다 그렇다는 것 다들 알고 있는데
그럼 청백리는 뭔가? 청백리 공무원이 많이 생겨
돈 먹은 사람들 덜컥덜컥 잡아가야 하는데
이 말은 아버지 속말일 뿐입니다.
기죽은 아버지를 위로하시는 어머니 말씀 한마디,
홍콩 배우가 바보라서 전 재산 4천억을 기부한답디까?

아버지 말이 없고
속말은 '이놈의 세상이!' 한마디가 입안에 돈다.
야! 이놈들아 얼마 전에 입적하신 법정스님 말씀 듣지도 못했나?

무소유란 말도 못 들었어? 이 말도 입속말일 뿐이다.

두 노인 그리고 며느리들 이야기

버스를 기다리며 70줄의 두 노인이 얘기를 나누고 있습니다.
“아들놈 보고 보청기 사달랬더니 다음에요”라고 해서
사위 놈에게 전화했더니 일 주일 만에 사서 보냈네.

나도 틀니가 고장이 나서 아들들한테 얘기했더니
200만 원이 든다고 형제간끼리 타합을 한다고 해서

그래서 딸년한테 전화했더니
돈 걱정 말고 새로 맞추라네그려.
그리고 두 노인네는 혀를 찼다.

재산이나 내 손에 있으면 딸년에게도 좀 줄 텐데.
지금은 무엇을 할 수가 있어야지.
잠시 후 버스는 두 어르신들을 태우고 가버렸다.

두 노인의 이야기 속에 오늘의 현실이 배어 있다.
우리는 우리를 잊고, 우리의 생활을 잊고
앞도 뒤도 살피지 않고 너무 숨 가쁘게 산다.

두 노인의 보통 이야기 속에 우리를 한번쯤
생각해보는 여유를 찾아봤으면…….

노부부의 기다림

이웃에 사는 노부부는 항상 핸드폰을 들고 다닙니다.
노부부의 금슬이 좋아서 통화를 하려고 가지고 다닌 줄
알았습니다. 그런데 그 노부부 핸드폰에는 지나가는 전화
말고는 한 번도 통화하는 것을 못 봤다는 게 노인정의
노인들의 수군대는 이야기입니다.

하루는 왜 필요 없는 핸드폰을 가지고 다니느냐고 물었더니
우리 장손한테서 전화가 올 것 같아서 그런다는 것입니다.
재작년 겨울에 혼자서 장손을 키우던 며느리가 재가를 하면서
여섯 살 난 장손을 데리고 가면서 그때만 해도
며느리 마음은 노부부에게 전화를 하겠다고 핸드폰
두 개를 사서 할아버지 할머니께 주었답니다.

그런 며느리가 재가한 남편 따라 미국으로 이민을 갔다고
합니다. 작년 1월인가 전화가 오고는 소식이 없답니다.
독자인 아들이 아파서 죽어 손자가 장손이 되었다는데……
노부부는 장손에게서 전화가 올 것 같아서
핸드폰을 늘 들고 다닙니다.

새해가 되어도 두 노인네의 핸드폰은 울리지 않고
정말 답답한 심정이지만 노부부는 장손에게 해가 된다고
아무런 군담소리 한자리도 안 한답니다.
"제가 복이 있어 잘되면 찾아올 것인데, 우리 뻑다군데~
어디 가겠어~" 노부부의 희망입니다. 우리 뻑다군데~

그 사실을 알게 된 마을 사람들은 수군수군합니다.
안부 전화는 해야지. 모두 재가한 며느리를 나무랍니다.
남의 집 장손을 데리고 가서 집안 손을 막으려고 한다고
분해하는 사람도 있지만 노부부는 언젠가는 핸드폰에
벨 소리가 날 것이라고 장손의 목소리를 기다리고 있답니다.
"아이고 우리 장손~!" 할머니의 그리움 섞인 말씀입니다

인생 산다는 것. 누구도 나이 먹는다는 것을 피할 수 없습니다.
젊은 혈기에 집안이 왜 필요하며, 제사가 왜 필요해? 그렇게
떠들어도 나이 들어 손 잡아줄 사람은 그래도 내 자식,
내 손자라는 것 이야기 속의 할머니 마음을 알고 있지요.

젊은 혈기가 사라진 후에 그 아픔을 알 수 있다는데
법으로 성씨 바꾸는 것 좋다고 외쳐대도 늘그막에 당신의
손을 잡아줄 사람은 당신의 뻑다구여~

오만 원의 기쁨

김 영감님 오랜만에 목소리에 힘이 찹니다.
항상 얻어먹기만 했던 친구들에게 이참에
저녁 한 끼 살 수 있었기 때문입니다.
김 영감은 오랜만에 호기를 부립니다.

"한잔 하세!"
"허~어 험!"

조카가 어제 찾아와 용돈을 오만 원 주고 갔거든요.
김 영감은 그 오만 원이 그렇게도 소중했습니다.
친구라 해봐야 다 죽고 최 영감, 강 영감뿐이거든요.
두 친구 앞에 두고 뭘 먹을 거냐고 호기도 부려봅니다.

"목살이지, 아줌마~" 목살 2인분에 소주 두 병을 시킵니다.
나이가 들어선지 2인분이면 됩니다.
항상 시킨 메뉴라 주인아주머니도 훤히 압니다.
거기에다 공기밥 세 그릇.
끝나면 물 많이 탄 커피 한 잔 그리고 두 잔입니다.

세 노인은 술이 한잔씩 돌아가자 힘이 납니다.
다물었던 세상 이야기도 합니다. 연신 "허허~"합니다.
한 병 더 할런가? 아이 됐어, 많이 먹으면 실수해.
세상일 모두 잊는 순간입니다.

조카 덕에 세 노인은 흡족했습니다.
몇 만 원이면 노인네들을 감동시킨다는 것을 당조카는
알고 있는 모양입니다.
계산을 하니 23,000원이라 했습니다.
아~ 사람들 2만 원이면 족할 세상 돈 퍼먹고 징역 가!

누구에게 하는 이야긴 줄 모르지만 돈 먹고 징역 가는
사람들이 멍청한 사람들이라고 생각된 모양입니다.
돈만 알지 말고 돈 귀한 줄도 알아야제!
배부르고 한 잔이면 이렇게 좋은 걸!
세 노인은 집으로 가고 있었습니다.

세 노인 생각은 짧은 세상 무슨 욕심을 부리다가
저 모양 저 꼴인고? 아마도 뉴스에 돈 먹고 징역 사는
욕심 많은 인간들이 답답해 보인 모양입니다.
누가 보면 뭐가 뭐를 생각한 것처럼 보이거든요.

산다는 것 다 부질없는 걸세. 착하게 살게나!
누구에게 하는 소린 줄 모르지만 노인들 생각입니다.
아침에 피었다가 저녁에 지고 마는
가수의 애절한 노랫소리가 술 취한 노인들의 귀에

인생 참 허망한 거여! 자네 보리방아 찧으러왔던 그 처녀
이야기 다시 한 번 해보소. 귀통 영감님이 술김에
열여덟 살 먹었을 때 한 일에 대해 이야기했던 것을
무심영감이 다시 해보라고 귀통 영감을 다그칩니다.

어머니 받으세요

아침에 눈이 많이도 내리던 날 아침
어머니는 시험 보러 가는 아들에게

따뜻한 흰 쌀밥을 지어서 어서 먹으라
권하시더니 함께 먹자고 해도

어머니는 다음에 드신다고 하셨다.
쌀이 없어 이웃에서 아들 시험 보러 간다고

한 중발 빌려온 것 나는 눈치로 잘 압니다.
그날 아침 눈물 섞인 밥을 먹었습니다.

그해 공부가 부족했던지 낙방을 했습니다.
그런 아들을 어머니는 사람 나고 공부 났지

내년에 보면 된다고 위로를 해주셨습니다.
그러던 어머니가 가을에 몸져누우시더니

끝내 일어나시지 못하셨습니다.
눈 많이 오던 날 끝내 어머니는 눈을 감으셨지요.

항상 하시던 말씀은 돈도 사람 몸에 있고
행복도 사람 몸에 있으니 항상 정직하게 살며

열심히 하고 참고 살면 복이 온다고 하셨고
그래서 그렇게그렇게 살아왔습니다.

어머니!

며칠 후 어버이날이 옵니다. 세상에 오셨다가
배불리 밥 한 그릇 못 드시고 자식 걱정 남편 걱정

그리그리 사시다가 한 많은 세상 눈 감으시며
아이고! 고생도 많이 했다. 한 섞인 말씀이

어머니! 받으십시오. 제가 드릴 수 있는
세상의 모든 것! 받으시지요. 어머니!

지금처럼 좋은 약이 있다면 어머니를 뵐 수
있었을 터인데. 왜 가난이 질겨서 병원에도

못 갔는지 한이 맺혀 가슴이 미어집니다.
지금도 어머니께서 하신 말씀 잘살아서 흰밥

많이 먹고 옷도 잘 입고 좋은 집에 살아라!
하시던 그 말씀. 하루도 잊은 적 없답니다.

어머니! 부디 이승에서 못한 행복 저승에서
받으십시오.

어머니! 우리 어머니!

비에 젖은 편지 한 장

겨울을 재촉하는 비가 주렁주렁 내립니다.
날씨도 비, 바람이 불어 춥습니다.

어제까지 편지통 앞에 한 노인이
하늘과 먼 산과 편지통을 보고 또 보고

시집을 가서 고생한다는 딸아이 소식이
어젯밤 꿈속에서 배달이 되었답니다.

기다리던 편지는 오지 않고
우체부도 오지 않고 궁금해서 궁금하다고

노인은 그대로 잠자리에 누웠습니다.
비가 오는 아침이라 그래서 늦잠을 주무시나

오전쯤에 빗속으로 우체부가 편지 한 장을
편지통에 넣고 갔습니다.

여느 때쯤엔 몇 번이고 편지통을
바라보았을 노인은 보이지 않았습니다.

며칠 후 동네 이장이 노인의 죽음을 알렸습니다.
자식도 없이 시집간 딸 소식이 그리워서……

그러던 노인에게 딸에게서 온 편지가 편지통에
지난번 비에 젖어 반쯤의 내용밖에 모릅니다.

아버지 죄송해요. 살기가 너무 힘이 들어서
아버지, 내년 봄쯤에 찾아뵐게요.

노인은 마을 장으로 뒷산에 치러졌습니다.
동네 이장이 딸 주소를 수소문을 하고

그 자리에는
아직도 마르지 않는 편지 한 통이 기다리고 있습니다.

노인의 죽음을 딸은 아직도 모를 거고
노인을 아는 마을 사람들만 안타까워 혀를 찹니다.

참~! 인생사는 거 허망한 거여!
마을 가게 앞에 모인 아낙들의 탄식 소립니다.

어느 시아버지 이야기

시대가 변했다고 하나 우리의 착한 여인의 마음속엔
부모를 섬기고 사랑하고 존경하는 정이 넘쳐 있습니다.

4월 20일이 손자 생일이라고 할아버지는 틈내어
철식이네에 왔습니다. 철식이는 다섯 살이며
할아버지는 기차로 3시간 거리에 혼자 사십니다.
점심시간이 지나 철식이네 집에 왔다가 오후
다섯 시 차로 근무 핑계로 할아버지는 가십니다.

철식이와 불과 서너 시간 지냅니다.
할아버지는 철식이네 집에 올 때는 선물도 많이 사오고
고기도 많이 사오십니다. 한 달에 꼭 한 번씩 다녀갑니다.
철식이 할아버지는 작은 도시에서 혼자 사십니다.
철식이네도 아빠 엄마 세 식구가 한 방에서 삽니다.
사실 할아버지가 근무 핑계대고 가시는 것은 잠 잘 곳도
없고 며느리에게 신세를 끼치지 않기 위해섭니다.

살림이나 넉넉하다면 아들 하나 있는 것 집 한 칸 마련 해줘야 하지만 철식이 할아버지도 형편이 말이 아닙니다 . 십 년 전 할머니가 암으로 돌아가실 때 시골집 한 채도 병원비로 다 들어가고 철식이 아빠와 엄마가 결혼할 때도 사실 시골에 재산이 있다고 했거든요. 그래서 철식이 할아버지 아들 장가보낼 욕심으로 거짓말을 한 셈이라 그것이 평생 마음속으로 죄가 된 것입니다.

철식이 할아버지는 시골 도회지에서 아파트 경비일로 구십만 원 벌어 사시거든요. 그렇지만 철식이네 집에 올 때는 선물을 많이 사오니까 철식이네 식구들은 할아버지가 여유 있게 사신다고 생각하고 있습니다. 할아버지는 한 달에 하루 몇 시간 손자를 만나기 위해서 먹고 싶은 술도 안 드십니다. 돈을 아껴 손주 선물을 사야 하니까요. 그날은 날씨가 더워 할아버지와 가벼운 차림으로 철식이 손잡고 가까운 공원으로 놀러갔습니다.

철식이 엄마가 할아버지가 벗어둔 윗옷에서 떨어진 통장을 봤습니다. 모두 세 갠데 하나는 철식이 앞으로 된 교육보험이고, 하나는 할아버지 장례보험 통장이고, 하나는 일반 통장이었습니다. 많이 받으시리라고 생각했는데 한 달에 구십만 원을 타서 보험 두 개 넣고 공과금 따지고 보니 할아버지는 사십만 원도 안 되는 돈으로 생활을 하고 계셨습니다. 철식이 엄마의 눈에 눈물이 맺혔습니다. 돈을 아껴서 철식이 보험이랑 선물이랑 사 오신다니!

철식이 엄마는 은행에 의뢰했습니다. 한 달에 할아버지 통장으로
무조건 십오만 원씩 자동이체를 신청했지요.
만일 매달 송금을 시키다간 형편에 못 부치게 될 것 같아
자동이체로 했습니다.
우리 시아버님은 정말 인자하신 어르신! 철식이 엄마 마음은
정말로 아팠습니다. 혼자 사시는 시아버님이 안타까웠습니다.

그리고 아버지 주머니에 편지를 넣어두었습니다.
며느리의 마음이 담긴 편지를~

시골행 기차에서 할아버지는 며느리의 착한 마음의 편지에
어쩔 줄 몰라 했습니다. 그리고 뭔지 모르게 치미는 흐뭇함을
맛보았습니다. 그래 고맙다. 돈이 아니라 에미의 맘 씀씀이~
철식이 할아버지는 평생에 이렇게 따뜻한 며느리의 효도를
처음 느꼈습니다. 물론 철식이도 아주 행복한 생일을
맞이할 것이고요!

아버님, 오래 사세요. 형편 풀리면 아파트 얻어 모시겠습니다.
철식이 엄마의 속마음이었습니다.

할머니 이야기는 전설입니다

커피 한잔을 마실 때마다 항상 할머니가 해주신 이야기가
머릿속을 맴돕니다. 할머니 이야기 속에는 목멘 슬픔이
가난한 배고픔이 그리고 그 험한 고생이!

옛날 할아버지가 돈벌이 하러 지리산 문숫골
산판으로 돈 벌러 갔는데 몇 달이고 소식이 없었답니다.
젖먹이 아이와 몸도 안 좋은 지금의 우리 할머니는 못 먹어서
젖이 안 나와 아이는 울고 보채고 밤새껏 시달리다가 할 수 없이
아이를 등에 업고 부잣집에 밥 동냥을 나섰는데

이틀을 굶다보니 아이 젖이 나올 리 없고
아이도 울다 지쳐버리고 울음소리마저 쉬었고요.
기진맥진한 몸으로 보리밥 한 덩어리를 동냥을 했답니다.

등에 업힌 두 살 아이가 밥 달라고 보채는 것도 잊어버린 채
할머니 한숨에 동냥밥을 입어 넣고 먹은 후에 정신이 들어
아이를 쳐다봤는데 아이 눈에 눈물이 고여 있었답니다.
아이고, 내가 미쳤어 새끼 두고 내가 먹다니
할머니 눈에서는 눈물이 펑펑 쏟아지고 내가 기운 차려야지.

힘든 밥 동냥을 하러 동네 돌며 아이 먹이니 아이 먹은 음식
체해서 밤새껏 끙끙 앓다가 지쳐 우는 소리도 모기소리였답니다.
그 고생을 하고 우리 아버지를 키우셨다는 할머니의 전설 같은
삶의 이야기를 들으며 속없이 커피를 마시는 나

할머니의 고생을 이야기로 듣고 재미있다, 슬프다
그렇게 말하는 철부지 나.
지금 할머니는 우리에게 저렇게 헤프게 쓰고 살다가
가난 다시 오면 어찌 살랑가? 두고 쓰시는 할머니 걱정의 말씀
잊어서는 안 된다고 생각은 해보지만
설마 우리나라 잘사는 나란데
그런 생각을 하고 맙니다.
그래도 때로는 할머니 말이 참말이란가?
은근히 걱정도 되지만 거리에 나가보면 찬란한 광경을 보면
할머니 말씀은 옛날 원시적 이야기라는 생각이 듭니다.
어찌 그런 세상이 다시는 올 수 없을 거라는 생각입니다.

그래도 어쩔 줄 몰라 하는 걱정도 된답니다. 우리 할머니는
평생 거짓말을 한 번도 안 하시고 사셨다는 것 믿고 있으니
할머니께 커피 한잔을 타드립니다.
할머니는 오냐 고맙다 하시면서 커피를 마십니다.

누가 그 고생을 하신 할머니에게 커피 맛을 보여줬을까요?

잘 사는 지금의 현실.

커피 마신 할머니 이렇게 잘 먹고 살아도 될까?

잘사는 지금도 인생을 다 사신 할머니께서 하시는 걱정의 말씀은

물자를 저렇게 펑펑 써도 될까 항상 혼잣말로 걱정을 하십니다.

시아버지께서 보내주신 회초리의 깊은 뜻

시아버지께서 곱게 만드신 산죽 회초리
두 자루를 보내주셨습니다.
잡곡을 밥에 섞어 먹으라고 잡곡 자루와 함께
택배로 부치셨는데요.
길이 30센티미터 산죽을 곱게 다듬어
치자 물까지 들여 정성을 다해 만드신
회초리 두 자루!
우리 쌍둥이 남매 곱게 잘 키우는데 사랑의 매를
아끼지 말라는 뜻입니다.

그리고 손주 사랑은 시부모님들이 더하신다더니
사랑 이야기가 가득 하셨고
회초리 사용법을 나름대로 적어 보내셨습니다.
에미, 보아라.
쌍둥이 남매를 곱고 착하고 강하게 키우는 것이 부모의
책임이며 아이를 강하게 키워야만
이 풍진 세상을 탈 없이 살아간다는 뜻이시란다.

그리고 시아버지 세상사는 경험이라시면서
회초리 사용법을 써 보내셨습니다.
이 회초리 사용법은
시아버지 세상 경험 노하우라고 보내신 내용입니다

첫째, 아이가 세 살 먹으면 이유 없이
나쁜 버릇을 할 때 회초리를 들어야 한다.
세 살 버릇 여든까지 간다는 속담 명심해라.
이 말의 깊은 뜻은 선조들의 기막힌 경험 철학이다.

둘째, 회초리를 사용할 때
회초리에 감정을 실어서는 안 된다.
부모의 사랑으로 회초리를 사용해야 한다.
(절대 감정을 실어 매를 들면 아이에게 해가 된다.)

셋째, 회초리는 절대 세 대 이상 사용해서는 안 된다.
세 대 이상은 폭력이 된다.
회초리를 때리고 나서 아이에게
그 잘못을 반드시 설명해서 이해를 시켜야 한다.
(옛말에 채찍과 당근으로 말 안 듣는
당나귀를 길들였다는 이야기도 있다. 중요한 대목이다.)

경험에서 얻으신
시아버지가 회초리 사용법까지 써서 보내셨습니다.
시아버지께서는 아이들 셋을 키우셨는데
비가 와도 절대 우산을 학교에 가져다주는 법이 없으셨고
자기 스스로가 세상 경험을 하게끔 하셨다고 하십니다.

그래서일까?
쌍둥이 아버지가 세상을 사는 데 강한 건지 모르겠지만요.
시아버지 친구 분이 딸아이를
학교생활 12년 동안 자가용 등하교를
시키고 키웠더니 훗날 결혼생활에도
적응을 못해 애를 먹었다는 이야기를 가끔씩 하십니다.

흔히 하는 말이지만
아이들에게 고기를 잡아주는 것보다 고기 잡는 방법을
알려주는 게 좋은 방법이라고 하시는 우리 시아버님.
아버님! 백 번 천 번 옳으신 말씀이십니다.
며느리 속으로 하는 결심입니다
"애들을 잘 키워둬야 너희들 훗날이 편한 거라."
두고 쓰시는 시아버님의 명언이시랍니다.

노인 모습 보고, 생각해보고

시골 촌놈이 서울에 가서 연애를 했다.
백화점 근무하는 아가씨와 눈이 맞아 동거를 했다.
우선은 젊은 혈기에 아가씨와 그 촌놈은 우선 좋았다.

그리고 1년 후 그들은 아이를 낳았다. 남자아이다.
시골 부모님에게 알렸다.
아이를 데리고 내려오라 했다.
그리고 결혼식을 올리자고 했다.

순진한 촌로들의 생각이었다.
애만 낳으면 결혼이 될 줄 알고 있었다.
시골집에 도착한 서울 아가씨
집을 둘러보더니 얼굴이 파래진다.

새마을 사업 때 개조한 슬레트 지붕
기어 나오고 기어 들어가는 부엌 재래식 화장실~!
늙은 시아버지, 허리 굽은 시어머니

아가씨는 그 길로 돌아섰다.
아이도 그대로 두고
그렇게 해서 시골 할아버지 할머니는 손자를 맡게 됐다.

우유 값이 없다.
아이 아버지는 슬퍼할 틈, 후회할 틈도 없이
일을 할 수밖에 없어 다시 서울로 왔다.
일자리가 여의치 못해 아이 우유 값을 벌기도 힘들었다.
시골 아이는 울어댄다고 할아버지가 던져버리니
아이가 파랗게 질려버렸다.

동네 이장이 할아버지께 말했다.
아이 학대하면 잡혀 간다고.
두 늙은 내외도 살기 힘든 판에
아가씨가 버리고 간 아이 때문에
죽을 지경이다.

오늘도 허리 굽은 할머니는
아가씨가 버리고 간 손자를 업고 마을
가게에 와서 한탄한다.
썩을 놈의 자식이
눈깔이 삐어 된장 같은 년을 만나서 한숨이다.

아들 덕에 죽을 날만 기다리던
촌로의 괴로움을 누가 알 것인가?
착한 노인들은 못난 아들 탓만 한다.
눈먼 놈이 된장 같은 년을 만나서……
허~! 후~!

오늘도 굽은 허리로 할머니는 손자를 업고 있다
썩을 놈의 세상, 썩을 놈의 자식!
어디서 그런 된장 같은 년하고 눈이 맞아가지고
이 꼴이여! 다 지 팔자제! 할머니의 체념이다.

잠시 후면 할머니는 아이 업고
종기네 가게에 올 겁니다.
그리고 밤새 아이의 이야기를
가겟집 아주머니에게 해줄 것입니다.

내년이면 면소재지에 있는 유아원에 무료로
보낼 수 있다는 게 촌로들의 희망입니다.
지금 많은 할아버지 할머니들이 마지막 인생을
즐겨야 할 판에 손자 손녀 담살이에
노후의 시간을 보내고 있습니다.
부모가 무슨 죄로……

벌써 몇 년이 지났네요.
가겟집 종기네 엄마가 전하는 말
아이가 똑똑해서 올봄에 초등학교 일학년에 입학하여
할머니 할아버지 심부름을 다하고
할아버지 할머니 노후 실수 조심하라고 야단야단 한답니다.

짐승은 버려도 후환은 없지만 사람은 버림받으면 훗날
그 궁금증을 풀어 헤치려 한답니다.
지금 젊은이들 우선 피하는 게 상책이란 말
그 말 그 말 당신 마음대로 되지 않을 수도 있다는 것

잊지 마시오~! 잊지 마시오~!
절대 절대입니다.

며느리가 쓴 이야기

우리 시아버님 이야기입니다.

작년에 긴 장마 탓에 에어컨을 두 시간 가동했다는 시아버님
내년이면 칠순이 되십니다.

칠순 때 무얼을 해드릴 거냐고
며느리 둘이서 돈 모으고 있다고 말씀드렸더니
하시는 말씀이 식구들 모여 밥 한 그릇 먹으면 됐지 하십니다.

일제강점기 시대에 태어나셔서
네 살 때 고모 등에 업혀 경찰서 앞에서
일본 순사들이 목총을 가지고 총검술 하는 모습을
고모 등에 업혀 보았던 기억
무서워서 고모 등을 두드리며 가자고 했던 생각

여순 사건 때의 기억, 육이오 전쟁

독재에 항거하던 4.19 그리고 5.16과 5.18
현대의 역사를 체험하셨다는
시아버지의 생활방식은

어려운 시기를 이기고 살아온 지혜가 모여
절약 정신이 투철하십니다.
시아버님 댁에는 에어컨이 있지만 날씨가
더울 때도 시할아버지 제사가
8월 초순에 있어 손자들이 오면

에어컨을 아낌없이 사용하는데
1박 2일 지내고 가는 아이들을 위해
일 년에 30시간 정도 사용을 한답니다.

금년 장마 덕에 2시간 에어컨을
사용했다고 말씀하시는
시아버님은 구두쇠가 아닙니다.
제사 끝나고 각자 집으로 돌아갈 때
자동차 기름 값이다 하시면서

십만 원씩 넣은 봉투를 주시고
손주들에게 만 원씩 오만 원씩 쓰십니다.
기름 값을 안 받으려 해도
시어머님 하신 말씀이

누구들에게 주려고
절약하는 재미가 있다고 웃으십니다.
평생을 어려운 시기를 넘겼던 지혜가
몸에 밴 시아버님은 비싼 음식 사 먹을 게
뭐 있나? 배부르면 그만이제.

돌아오는 길
아버님 어머님 죄송해요.
우리는 돈을 아낄 줄 모르는데
이제 저축을 해야겠습니다. 며느리 생각입니다.

욕을 안 얻어먹고 싶으면 눈을 감으시오

어느 노인정에 이런 문구의 낙서가 있었다.

"며느리에게 욕 안 얻어먹고 싶으면 눈을 감으시오."
그 낙서를 써둔 할머니는 몇 달 전에 돌아가셨다.

살아생전 하는 이야기가
눈만 뜨면 며느리 잘못이 보여 잔소리를 하게 되고
결국 싸움밖에 남는 것 없고
며느리 동네방네 헛소문 내고 다니고
며느리가 담배를 피건 술을 먹건 무엇을 하건
상관하지 말라고 생전에 할머니는 말씀하시곤 했다.
살아보니까 그렇다는 것이란다.
자식이라고 믿고 말한 아들놈. 그놈들도 똑같다고
아들에게 이것저것 하면 안 된다고 해놓으면

어느새 제 마누라에게 어머니가 그러는데(그러시는데가 아니다)
무슨 일 하지 말라네 하면 며느리 하는 이야기
"할마니가 미쳤는갑네. 웬 참견이여?"
돌아오는 건 욕.
아들이라고 믿고 말했다간 며느리 아들 연합군에게
당하는 수밖에 없다고 항상 말씀하시던 그 할머니

이제 그 할머니는 소원대로 눈 감고 무덤 속에 있으니
며느리에게 욕먹을 소리는 못하시겠지.

할머니가 낙서 같이 써둔 낙서 글이 명언이 돼 가고 있다.

"며느리에게 욕 안 얻어먹고 싶으면 눈을 감으시오."

내가 나를 모른다고

세 치도 못 되는 혀는 남을 칭찬하기보다
남의 험담을 왜 그리도 많이도 하는지.

세 치도 못되는 양귀는 남의 칭찬 소리보다
남의 험담 듣기를 그렇게도 좋아하는지.

삼 센티미터 찢어진 양 눈은 착한 모습보다
세상의 야한 모습을 아주 즐거워하는지.

양편으로 찢어진 입은 맛있는 것은 알아가지고
해롭건 말건 맛있다면 침을 질질 흘려대고

단 하나의 머리는 언제 배웠는지 이익이 있는 쪽으로
나를 안내하면서 해라! 해라! 부추기니

나~ 절대 그런 사람은 아니오만 형편이 그렇게 됐다고
모든 일을 나를 위해 합리화시켜버리는

내가 나를 생각해봐도 정말 못된 사람이라구
대개의 사람들은 정말 자기 허물을 모른다.

나도 그중 한 사람이라 반성을 해보고 생각을 해보고
내가 나를 모른다, 정말 모른다. 내가 왜 그런가를

세상사는 사람들 모두 모른다고, 아니라고
시침을 떼고 모른다고 손 흔들고 절대 절대 나는 아니라고

누가 나를 나는 나라고 대답할 사람 누구 없을까요?
속담에 등잔 밑이 어둡다는 말이 새로워집니다.

아침 운동 길에 인생 팔십 고개를 넘으신 어르신이 하신 말씀이
귀에 남습니다. '삶' 중에 제일 좋은 것은 건강이야.

돈을 주고는 세상 모든 향락을 누릴 수는 있어도 건강이라는 것은
돈을 주고도 못 사는 법이여. 오직 자기 힘으로 하는 운동뿐이지.

팔십 넘으신 어르신이 이제 내가 나를 아시는 모양입니다.

칠월

칠월이면 어릴 때 살던 고향 마을 과수원집에는
청포도가 탐스럽게 익었다.
누나들 틈에 끼어 청포도 과수원집에 몇 번 가봤는데
누나들 손에는 몇 되나 되는 보릿자루가 들려 있었다.

청포도를 먹으면서 누나들은 나를 다그치곤 했었다
너, 집에 가서 청포도 먹었다는 이야기와 과수원집에
갔었다는 이야기며 보릿자루 이야기를 하면 큰일 난다고
누나들은 고개를 까닥거리는 나를 못미더워했다.

요것은 성질이 곧이 곧대로라 일러바칠 수 있다고
못미더워했던 누나들. 보릿자루와 청포도와 바꾸어
먹었단 사실도 한참 후에 안 나였으니.
누나들이 항상 못미더워했던 것도 한참 후에 알았지.

그 청포도가 익어가는 계절 칠월이면 내 고향이
그리워진다. 강가에는 은어 잡이 낚시꾼들, 고향 길
양옆에 줄지어 늘어선 미루나무, 봉대방천의 둑길
노랫말처럼 꿈엔들 잊으리오. 그 푸르른 산과 들

고향에 가 봐도 그리던 고향이 아니더란 말이 실감난다.
내가 아는 사람, 나를 알고 있는 사람 하나도 없더니
장터에서 고라니 박 씨를 만나 반갑다고 인사를 했는데
누구신지요? 되묻는다. 고라니 박 씨 아니시오?

아하! 제 아버지 되십니다. 어쩜 고라니 박 씨 모습
그대로라! 일에 찌들어 옛 모습 그대로
선친의 안부 물으니 몇 해 전에 돌아가셨단다.
산천은 의구한데 인걸은 간 데 없고. 시인의 말이 새로웠다.

청포도 익어가는 칠월이면 나는 고향이 그렇게 그리워진다.
보릿자루 들고 다니던 누나들도 이제 뵈올 수 없고
고향에 찾아가도 나를 아는 이 하나도 없고
저 길이 청포도 과수원으로 가는 길
신작로에 아스팔트 포장길이 됐다.

내 고장 칠월의 청포도는 지금도 주렁주렁 열려 있겠지.

해는 지고 다시 뜨고

지는 해는 석양을 만들고
뜨는 해는 동을 트게 합니다.
이것이 세상살이의 불변의 진리이며 법칙입니다.
이 법칙 속에 하루하루를 살아가는 사람들은
지금 저렇게 몸부림을 치고 있네요.
지는 해 다음 뜨는 해를 우리 함께 맞이합시다.

찬란한 해가 동트는 아침을 기다립시다.
지금 서산에 지는 해는 석양을 만듭니다.
내일 다시 뜨는 해는 동을 트게 합니다.
우리 오늘 순간이 그렇게도 답답하더라도
세상의 변화를 한번 보시지요.
우리에게도 그 변화가 반드시 온다는 사실을.

여유 있는 사람은 십 년 이십 년 후를 걱정하지만
가난한 사람은 내일 하루만을 걱정합니다.
여유 있는 사람은 쉴 곳을 고르고 있지만
가난한 사람은 일할 곳을 찾습니다.
이것이 바로 삶입니다. 살아가는 모습입니다.

사람들은 말하지요.
인생은 빈손으로 왔다가 빈손으로 간다고.
그건 겉모습입니다. 속내는 아주 다릅니다.
복(福) 가지고 왔다가 복대로 갑니다.
그래서 평생 복 이야기와 팔자(八子) 얘기를 합니다.

지금 오늘 해는 서산에 집니다.
우리는 내일 동트는 아침을 기대합시다.
해는 지고 또다시 뜨고
인생의 절망도 지고 나면 반드시 희망이
뜨는 것! 그것은 진리이기 때문입니다.

돈을 많이 가진 부자는 무슨 걱정이 있을까요?
있습니다. 빈손인 당신이 내일 하루를 걱정하듯
그 사람도 걱정이 있습니다. 더 많은 돈벌이
생각에 밤잠도 못 잔다고 고민스럽다고 합니다.
사람은 마지막엔 빈손이라는 말을/

아내는 푼수

아들 집에 가도 아들네 식구가 와도
아침식사를 도맡아 하는 아내
측은한 생각이 듭니다.

어서 일어나라. 식사하자.
며느리네 식구들 깨워서 밥을 먹이는 아내
그래야 자기 속이 편하다는 아내

사람들은 며느리 버릇 잘못 들인다고 하지만
시어머니가 한 말씀은 돌에다 새겨두고 잊지 않는
며느리들을 어찌 해보겠단 말이오.

져주며 사는 게 속편해 좋다는 우리 아내 푼수
손자 손녀 녀석들 예쁜 마음 하나로 속 풀이를 한다는
우리 아내 바보일까 푼수일까? 천사일까?

세상에 태어나서
밥 하는 기술 하나로
이 나이 먹도록 먹고 살았는데

식구들 밥상 차리면서
해맑게 웃는 아내
푼수일까? 사랑이 넘친 천사일까?

아버지께서 보낸 문자 메시지

아버지께서 보내신 문자 메시지 세 통
이번 내용은 뭘까?

첫 번째!

야 야~! 몸 좀 빼라! 살이 너무 많이 쪘더라.
살이 찌면 사람이 바보처럼 보인다고 하더라.

그리고 어머니께 매달 보내는 용돈 십만 원
꼭꼭 보내라. 지난 달 안 보냈다고
누구 엄마 야단야단이더라.

이어서 두 번째!

꼭 잊지 말아라! 어제 방송에
어떤 사람이 아들을 상대해서
손해배상 청구했다고 하더라.(은근한 압박)

그래서 답장 문자 메시지를 보냈습니다.

"아버지 돈 드는데 문자 메시지 보내지 마셔요."

아버지께서 답하신 문자 메시지

야 야~! 한 달에 30통 문자 메시지 공짜라고 하더라.
그런 걱정 말고 살 빼고 술 좀 적게 먹고!
(아버지는 노인 우대 서비스에 가입하셨다)

잠시 후 세 번째 온 문자 메시지.

세 번째!

또 한 가지 조심할 것이 있다.
사람 조심해라. 특히 성추행
성폭행 그런 것 조심해라!
뉴스에서 난리 났다, 난리 났어.

세 번째 문자 메시지를 받고
나는 그만 아버지 앞에 손을 들어버렸다.

"아버지! 아들이 그렇게밖에 안 보여요?"라고
나는 이렇게 답장 문자 메시지를 보냈다.

선풍기 이야기

이제 더위가 맹위를 떨치는 여름 삼복이 눈앞에 있습니다.
덥다 더워 생각만 해도 덥다는 여름 생각에
옛 생각이 주마등처럼 떠오른다.

더위가 맹위를 떨치니 사무실 에어컨은 계속
가동되고 선풍기는 쉼 없이 돌아간다.
문득 선풍기가 없던 시절 생각이

정말 덥네~!
1969년도만 해도 서민들은 선풍기 구경을 하지 못했다.
그 당시 월남에서 근무했던 친구가 현지 제대를 하면서
한국에서 선풍기를 살 수 있는 쿠폰을 보내오면서 어디
선물할 거라는 14인치 금성제 선풍기의 교환 쿠폰이었다.

그때가 봄이라 금성사 판매점에서 수령을 해와 보관 중이었다.
그해 여름도 무척 더웠다.
딸애가 두 살 그리고 마누라 부채로 여름을 넘기던 시절
더워도 참을 수밖에 방법이 없다.
하도 더워서인지 마누라가 보관 중인 선풍기를 뜯어서 돌렸다.
걱정 반 시원한 바람에 아기도 좋아했다.

정말 덥네~!

인생은 신용이 제일이라고 생각했던 나는 선풍기를 원상태로 싸두었다. 지금 생각하면 얼마나 바보스러운가!
더위와 싸우는 아이와 아이 엄마를 생각해서 선풍기를 써도 되련만 그해 여름을 더위와 맨몸으로 싸우며 보냈다.

다음해 봄에 친구가 귀국해서 선풍기를 찾아갔다.
아내는 친구에게 한번 썼다는 사과를 했다.
친구는 말없이 선풍기를 찾아갔다.
다음해 여름에 큰 마음먹고 귀한 선풍기 14인치를 장만했다.
우리 집 가보 2호가 됐다.

더운 여름에 지난 우리의 모습이 생각나서
지금은 에어컨을 켤 때마다 그 시절 생각이 나서 마음을 졸인다.
가끔씩 켜는 에어컨은 손님 올 때만 쓴다.
평소에는 선풍기를 켜고 지낸다.
금년 여름이 아무리 덥다고 해도 비싼 기름 값을 생각하니
더위가 가신다. 추위를 참는다는 것.
그것 또한 무척 고통스러운 것이기에.

진이 엄마

진이 엄마 오십 번째 생일에 두 딸이 명품 가방을 선물했습니다.
그 명품 가방을 들고 동창 곗날 나름대로 속 자랑이라도 하고 싶어
마음먹고 계모임에 참석했는데

잘나간다는 경숙이가 똑같은 가방을 들고 나왔습니다.
친구들은 경숙이 가방이 멋있다고 만져보고 부러워합니다.
이 가방이 유명한 이태리제 명품 가방이구나.

진이 엄마는 경숙과 같은 가방이라 내심 당황했습니다.
그래서 자신도 모르게 상 밑에 가방을 넣어두었습니다.
자신도 모르게 숨겨버린 셈입니다.

그런데 옆에 앉은 명이가 진이 엄마 가방을 들어 보이며
어마, 경숙이 가방하고 똑같네?
모두의 시선이 진이 엄마 가방으로 쏠렸습니다.
누군가가 한마디 하는 말.
정말 짝퉁가방이 명품 같네. 어쩜, 보기는 똑같아!

졸지에 진이 엄마 가방은 짝퉁이 되고
경숙이 가방은 명품이 됐습니다.
진이 엄마 억울한 생각이 들지만 짝퉁가방이 아니고
명품이라고 우겨봤자 믿어줄 사람이 없다는 걸 잘 압니다.

속은 상했지만 진이 엄마 속말은 명품 가방이 틀림없어!
진이 엄마 속마음입니다.
그래그래, 내 가방 짝퉁이라고 생각하는
너희들 속 편하니? 기분 좋으니?
우리 두 딸이 명품이라고 틀림없다고 사온 거야!

억울한 생각이
명품이라고 주장을 해도 믿어줄 사람은 없습니다.
진이 엄마 항상 세상사는 것 힘들어한다는 것
친구들은 잘 알고 있으니
명품이라고 확인이 된다면 다른 흉이
다른 말로 빈정거릴 게 빤합니다.
아무 것도 없는 것이 명품은 무슨…….

젊은이, 이 말 한번 들어보소!

"어이 젊은이들, 이 말 한번 들어보시게."
지하철에서 젊은이에게 자리 양보하란 것
늙은 사람 전부가 아닐세.
젊은 사람들 모두가 불량한 사람이 아니듯
늙은이도 마찬가질세.

어이 젊은이! 그렇게 생각지 말고 노인들에게
배울 점도 많다는 것 알아야 되네.
석사, 박사가 학문으로 세상일 다 잘 안다고 생각하는 것
큰 오산일세. 경험 많은 노인들은 경험 없는 석·박사들이
텔레비전 출연해서 말할 때 저건 아닌데 생각을 많이들 하지.
바로 그것이 세상사 경험일세.

틈나면 바쁜 일상을 쪼개어 등나무 그늘 밑에 쉬고 있는
노인네들을 한번 만나보소. 많이도 말고 소주 작은 것
세 병하고 마른 오징어 한 마리 사들고서.
그리고 노인 위한 잔치를 한번 벌여보시게나.
그곳엔 철학이 분명 숨어 있네.

노인네 술 한 잔 대접받으시면
기분 좋아져 지난 인생 이야기보따리를 다 풀어놓네.

노인네들 말 그냥 현대 시각으로 평하지 마시고 그 시대를
살아온 증언이라 생각을 하시면 얻을 것, 찾을 지혜 분명 있네.
노인들이 젊은이들 하는 일 마음에 들어 하지 않는 이유도 알게
될 걸세. 그 철학 속엔 민족의 아픔, 민족의 눈물, 민족의 고통
모두 모여 있는, 분명 한 권의 역사책이요 철학 책이라네.
틈내서 꼭 소주병 들고 노인네들의 말 들어보게나.

밤 깊은 자정에 부모 눈 피해 보리밭에 숨어 사랑의 말 속삭이던
순이의 말도 있고, 새벽 열차 타고 서울 가자던 그 약속도 있지.
전쟁 통에 이 편 들다 몽둥이 맞고, 저 편 들었다고 피멍 들게
맞던 그 사람들의 산 증인의 역사 이야기는 분명 베스트셀러지.
그 보물 같은 역사 이야기, 철학 이야기. 젊은이들, 듣고 싶지 않나?

그 이야기 속엔 반드시 자네가 있고 내일의 희망이 숨어 있지
아마도 그 철학, 그 산 역사 속엔 지금 말도 안 되는 소리를 하는
사람들이 듣지 못할 아주 귀한 얘기들이 주옥같이 숨어 있다네.
행여 금년 추석 성묘 길에 틈내어 꼭 노인네들을 만나보게나.
그곳엔 분명 훗날의 자네가 숨어 있을 걸세.

어이 젊은이! 자네들이 어른들이 이래라 저래라 한다고
귀찮게 생각할 때도 있을 걸세. 지하철 노인들이 자리 비키라고
하는 것 노인 모두 생각이 아니란 것을 알게 될 걸세.
성질 고약한 젊은이가 나이 들면 노인이 돼도 그 버릇 남아 있으니
대개의 노인들은 젊은이가 앉아 있으면 미안한 마음이 들어.

자리를 피한다는 것도 알게 될 걸세.
젊어 술 몇 잔 마시고, 젊어 혈기 몇 번 피우다 보면 어느새
인생 나이 육십 고개 넘는 걸세.
그 나이를 자신도 모르게 먹었다고들 하더라고 모두 그 소리
이왕이면 어르신이라고 공손히 불러주면 안 되겠나?

어이 젊은이들! 젊어서 잘 배워두면 질서 바른 노인이 되는 걸세.
젊은이들이 윽박지른 소리 몇 사람 생각인 줄 알지만 그래도
세상 경험 이야기를 해주고 싶어진다네.
젊어 못된 버릇 고치질 못하면 나이 들어 못된 노인이 된다는 것을
젊은이 중에 착한 노인, 악한 노인 싸잡아 욕해대는 것 듣는 사람
기분도 언짢아지고 억울한 생각도 많이 든다고 하더군.

말 한자리의 희망

벌써 삼십 년 훨씬 전 이야깁니다.
위암 2기 의학 기술이 지금보다 발달되지 못했던 시절
군의관 김창진 대위가 그렇게 건강이 나빠졌습니다.

그래서 휴가를 얻어 고향엘 가는 도중
시골 한약방에 들렀는데 행어라기보다 위안을
얻고 싶은 심정이었기 때문이었다고 합니다.
사람이 어려움에 처하면 지푸라기라도 잡고 싶은 심정
그래서 한약방 문을 열었답니다.

80을 바라보는 할아버지는 50년 넘게 약종상을
하신다고 했습니다. 지금의 한의사 역할이었습니다.
그분을 한약방 어른이라고 불렀습니다.
할아버지는 군의관의 손목을 잡고 진맥을 하시고

한참 후 할아버지는 "위가 많이 부었습니다."
약 두어 첩을 지어드릴 테니 다려 먹으면 괜찮아질 겁니다.
군의관은 할아버지 말씀이 그렇게도 믿음직스러웠답니다.

네! 할아버지 괜찮겠지요.
자기 병을 누구보다 잘 아는 군의관이지만 순간 희망이 솟았습니다.

할아버지는 눈을 감으시고 고개를 끄덕이셨답니다.
약 두 첩을 들고 나오는 발걸음이
왜 그렇게 가벼웠는지 몰랐다고 했습니다.
다음에 또 오겠습니다.
할아버지는 "괜찮을 겁니다." 하시고 웃으셨답니다.

김창진 군의관이 죽기 며칠 전에 내가 문병을 갔을 때
들려준 얘기였습니다.
사람이 마지막에 처하면 지푸라기라도 잡는 심정이라더니
김창진 군의관이 어찌 자기의 죽음을 몰랐겠습니까?

나는 그 뒤로 아무리 어려운 사람을 만나게 되면
군의관 이야기를 어려운 사람에게는 헛말이라도 희망을
주는 말을 하게 되었습니다. 그것이 진실이 아니더라도
희망적인 말이 어려운 처지의 사람에게는 큰 힘이 된다는 것을

한마디로 "안 돼, 죽어!" 잘라 말한다면 절망이 앞서
모든 희망까지 사라지게 된다는 것.
약 두어 첩 다려먹으면 괜찮을 겁니다.
한마디 약방 어르신이 하신 그 말씀 괜찮을 겁니다.

그 말씀 오랫동안 음미를 해보는 아침입니다.

옛날에

"애들아, 우리는 이렇게 살아왔단다."
그래서 너희들이 모르는 그 가난을 우리는 알고 있다.
그래서 너희들에게 잔소리를 하는 게야.
가난이 다시 올까 봐 겁이 나서 말이다.

방 한 칸에 아버지 어머니 아이들 네댓 명이
한 이불을 덮고 살았다.
초저녁에 때어둔 군불이 새벽녘엔 방이 식어
온돌방이 냉방이 된다.

어머니는 그 추운 아침에 부엌의 찬기를 느끼며
아침밥을 짓는다. 방이 따뜻해진다.
아랫목으로 몰린 아이들이 서로 엉켜 잠을 자다가 눈을
감은 채 일어난다.

추운 방에서 새우잠을 자다 보니
몸의 피로가 안 풀려서 그런 것이다.

세수 하고 학교 가라는 어머니 독촉에
세수를 하는 둥 마는 둥 한다.
일학년 막내는 대충이다.

코딱지도 떨어지지 않게 세수한 막내를
어머니는 다시 세수를 시킨다.
막내는 아프다고 야단이다.
얼굴에 붙은 때를 씻자니 아픈 거다.
아침밥이라야 시레기 국에 묵은 김치 한 가지다.

그 시절 온 식구가 한 이불 속에서 살았다.
한 이불 속의 정이 흠뻑 배었다. 미운 정 고운 정이.
그래서 가족의 정이 퍽도 깊었다.
슬픔도 기쁨도 함께했던 한 이불 정이었다.

남의 이야기냐고요?
사십 년 전만 해도 우리의 삶이 그랬었다.
지금은 한 이불에 한 사람!

모두 그렇게 살다보니 생각도 각각 되어
저렇게들 싸우고 살고 있다.

지금도 그 어려운 시절을 생각해보면
그 고생이 떠올라 다시 가고 싶은 생각이 없지만
그 티 없는 정을 생각한다면
금방이라도 되돌아가고 싶은 그 정이
깃든 한 이불 속의 정이 정말 그립기만 하다.
이제 다시는 오지 않을 그 시절.
눈 감으면 눈앞에 아른거린다.
울 어머니 끼니 걱정은 한숨이 되었고
낼 아침은 뭐로 아침끼니를 때우나!

갓난쟁이 응아가 이불에 묻어 노란색이 되어도
언제 빨아서 말려 덮고 잘 수 없어
응아 묻은 이불로 한 겨울을 지내던 그 시절
그 시절 생각하면 콧등이 시큰해지고 눈에서는 눈물이…….

추억여행

그 시절 그 추억
그 추억 이야기 속
그리움은 아름다움의 수채화 한 폭

그 시절 그 추억
누구나 입가에 잔잔한 미소가 흐른다.
내게도 그 시절 그 추억이 있다.

초등학교 이학년 때 여름방학이
끝날 무렵 비가 종일 내리던 날

해질녘에 비가
그칠 때쯤 낮잠을 자고 있었는데
중학교 다니는 형이 나를 깨웠다.

야야~ 학교 늦었다, 지각한다.
빨리 가야 돼 다그친다.
놀라 일어나 책보를 들고
정신없이 학교로 뛰었다.

당시엔 지각하는 학생들에게
엄한 벌이 있었던 터라
지각은 절대 해서는 안 된다는 생각뿐이다.
시계도 없었던 시절

형에게 낮잠을 자다가 한방 먹은 것이다.

한참 뛰어가다
동네 친구 영철이가 "너, 왜 그래?"
아차! 형에게 속았다. 방학 중인데

지금도 그 시절 그 생각을 하면
혼자 미소 짓곤 한다.
책보를 어깨 뒤로 메고 뛰어가던 등굣길

학교 길 고갯길을 친구들이랑 넘을 때
들에 핀 꽃도 꺾고 산 여치도 잡아 보고

산골 개울물에 맑게 비친 친구 얼굴
내 얼굴 모습이 선명하게 떠오른다.

그 시절 그 추억이 한없이 그리워지는데
문득 많이도 변한
세상 이야기 속으로 떠나고 싶어진다.

세월이 가고 정신 못 차리게 계절이 바뀌고
바쁜 세상살이에

내가 누군지 내가 무엇을 하는지
바쁘다는 핑계를 이유로 내일 내일
다음에 다음에 미루고 살아왔는데

그것이 헛일이라는
후회의 한숨이 절로 나온다.
세상사는 이야기를 잊어서는 안 되는데

그래서 모두가
그때 그 시절 속으로 달려가고 싶어 한다.
이제 여름 가고 뜰에는 가을이 물들고

그 시절 그 추억 속으로 가고 싶기만 하다.
이번 추석에는 온갖 일 다 밀어두고
추억의 고향 길을 달려가야겠다.

잊지 못할 그 시절의 아름다운 추억 속으로
나와 그리고 내 가족들 손잡고 가야겠다.
가을이 흠뻑 내려와 있는 고향으로

귀대 명령

작년 오월에 우리가 사는 아파트가 이사를 시작할 때 할아버지 내외분이 이사를 오셨습니다. 전쟁터에서 부상을 당하셔서 한 다리를 못 쓰는 할아버지. 휠체어에 의지해서 놀이터 등나무 아래 의자에서 하루를 보내시는 할아버지.

아파트 아이들과 가끔씩 모여서 놀 때는 할아버지는 전쟁 이야기를 하시곤 했답니다.

날씨만 따뜻하면 봄부터 아파트 앞에 작은 놀이터가 할아버지 근무지가 됩니다. 매일 나오다시피 한 할아버지는 놀이터에 놀러오는 아이들의 우상입니다. 전쟁 이야기, 동물왕국 이야기, 할아버지 이야기가 밑천입니다.

상이연금이 나올 때는 아이들 과자도 사 주시니 학교 끝난 개구들에겐 최고의 인기를 누리고 사시는 셈입니다. 그런데 지난 7월 초부터 할아버지가 안 보이셨습니다. 아파트에 사는 사람들은 궁금하기도 했는데 지난 8월 하순에 수척해지신 할아버지가 놀이터 등나무에 나오셨습니다.

나오시던 날 할아버지는 과자를 한 아름 휠체어 옆에 싣고 왔습니다. 아이들은 할아버지께 안부를 물었습니다. 이제 파견근무 끝내고 귀대 명령이 내린 것 같다고 아리송한 말씀을 하셨습니다. 아이들은 파견근무가 뭐냐고 물었더니 할아버지는 웃고만 계십니다. 그리고 할아버지는 아파트 쪽으로 전동 휠체어를 돌렸습니다.

그 후로 지금껏 할아버지는 놀이터 등나무에 나타나지 않았습니다. 들리는 소문으로 귀대를 하셨다 돌아가셨다고 합니다. 앞 동에 사는 아주머니 말씀대로라면 할아버지는 천상병 시인의 귀천시를 좋아하셨는데 그래서 할아버지도 파견근무를 끝내고 귀대 명령이 내린 것 같다고 하신 것이라고.

할아버지는 지금 귀대하셔서 하늘나라에서 근무하실 거라는 이야기를 합니다. 그래서 아파트에 사는 사람들은 틀림없이 할아버지가 하늘나라로 귀대를 하신 거라고 믿고 있답니다.

할아버지 마지막 말씀은 이러했을 것 같네요.

나, 지상 나라 임무 끝내고
하늘나라로 귀대하리라!
가서 지상 근무 참 즐거웠다 말하리라!

할아버지가 생전에 좋아하셨던 천상병 시인의 시

귀천

나 하늘로 돌아가리라
새벽빛 와 닿으면 스러지는

이슬 더불어 손에 손을 잡고
나 하늘로 돌아가리라.

노을빛 함께 단 둘이서
기슭에 놀다가 구름 손짓하며는,

나 하늘로 돌아가리라

아름다운 이 세상 소풍 끝내는 날
가서 아름다웠더라고 말하리라

어머니의 한 맺힌 손

어느 어머니의 한 맺힌 손 속에
세상살이 고뇌가 한으로 맺혀 있습니다.

썩을 놈의 남정네 잘못 만나서

지지리도 못난 우리 아버지에게 모처럼
말대꾸했다가 억울하게 얻어맞고

그래도 머리에 수건 한 장 광주리 이고
먹고 산다고 풀 매러 콩밭에 나가신다.

혼자 말씀 썩을 놈의 남정네 뭘 했다고
어머니 속마음이지 어데 말할 수 있소.

울 어머니 섧게 섧게 사시다가
어느 추운 날 아픈 몸으로 일하시다 병 더쳐서

약 한 첩 못 써보고 저세상으로 가셨습니다.
가시기 전까지 자식새끼가 뭐 길래 언 손 불며

시집살이 내내 무명수건 한 장 머리에 쓰고
새끼 굶길까 봐 남의 일 내 일 가려본 적 없이

썩을 놈의 남정네 우리 아버지 잘못 만나
팔자 탓도 못하시고 일하다가 일만 하시다가

저세상으로 가셨다는 우리 어머니 잠잘 때도
몹쓸 놈의 남정네는 심부름 시키려 깨우시고

전생에 무슨 죄를 지었기에 몹쓸 놈 남정네
종살이 하시다가 눈 감으시니 이제 편하리오.

어머니~! 썩을 놈의 남정네들 이제 기 죽었소.
이제는 썩을 놈의 남정네들은 장가도 못 간다오.

알코올 중독 아버지를 소녀는 원망하며 살았다.

한 세대 앞서 살다간 여인들의 한 맺힌 말 한마디

"남정네를 잘못 만나서"

남정네 잘 만나면 마나님도 되고 남정네 못 만나면
평생 종년으로 살다간 한 세대 앞서 산 여인들